ユダヤに学ぶ「変容の法則」

赤塚高仁

きれい・ねっと

未来を変える「変容の法則」

あなたは聖書を読んだことがありますか？

そう尋ねると、多くの人から「いいえ」という言葉が返ってきます。

かくいう私自身、聖書と言えば、遠い異国の宗教の経典であるという程度の認識しかなく、およそ我が人生とは縁遠い存在でした。

でも実は、聖書は世界一のロングセラーであり、ベストセラーです。

そして、その聖書の中の「新約」と呼ばれるものに書かれているのは、２０００年以上前にイスラエルに生まれ、33歳で殺された一人のユダヤ人、イエス・キリストのことです。

彼は間違いなく世界で最も有名なユダヤ人です。

もちろんあなたもご存じですね？

西暦というのは彼の誕生からカウントされているのですから、その影響力たるや尋常ではありません。

そのうえ、クリスチャンが人口の１パーセントにも満たない日本でも、彼の誕生日になると、街は賑わい、ケーキや唐揚げが飛ぶように売れて、皆でプレゼントの交換をするのですから、なんとすごいことでしょう。

聖書が、イエス・キリストという人物が、いまの世界に与えている影響は、私たちが想像するよりもはるかに大きなものだということは間違いなさそうです。

それでは、聖書の舞台であり、イエス・キリストというユダヤ人を生んだ国、イスラエルに、あなたは行ったことがありますか？

そう尋ねると、ほとんどの人から「いいえ」という言葉が返ってきます。

そこで、「それでは、イスラエルにどんなイメージを持っていますか?」と聞くと、「政情不安定」「いつも戦闘状態にある」「危ない」「怖い」といったネガティブなイメージの言葉がどんどん出てきます。

行ったことがないはずなのに、皆がそう言うのです。

かくいう私自身、実際にイスラエルを訪ねるまでは、同じようなことを思っており、これまたおよそ我が人生とは縁遠い存在でした。

なぜでしょうか?

答えは明らかです。

メディアでそのように報じられているからです。

しかし、私が実際に足を運び、この目で見て、感じたイスラエルは、日本での情報とはまったく違うものでした。


気が付けば、私はもう30回もイスラエルに行っています。

いまでは、イスラエルの人々、つまりユダヤ人の友人もたくさんいます。


ある時、そんな友人の一人が私にこう言いました。

「Mr．赤塚、君の国ほど資源が豊かな国はないね」

「資源なんてないよ、僕たちの国には」

「日本には豊かな緑や水があるじゃないか！」


ハッとしました。


ユダヤの友人は、続けて言いました。

「君の国はあれほど豊かな資源があるのに、なぜ食糧自給率が40％にも満たないんだい？　食べ物は命だ。君はイスラエルが怖いと言うが、本当に怖いのはどっちだ？」

私は言葉に詰まりました。

そんな私に彼は追い打ちをかけました。

「みんなが口をそろえて、イスラエルは危ない国だと言う。たしかに、年間数百人ほどの兵士の尊い命が失われている。

しかしMr．赤塚、君の国では、なぜ親が子どもを殺したり、子どもが親を殺したり、隣人が隣人を殺したりするんだ？ なぜ年間3万人以上もの人々が、神からいただいた命を自ら断つんだ？

僕たちにはわからない。同じ国の人同士が殺し合うなんて、君たちの国がやっているのは魂の戦争だよ」。

魂の戦争……、心をえぐられるような言葉でした。

でも、私はそれを否定することはできませんでした。

魚に水が見えないように、日本人には日本が見えていないようです。

私たちは、自分たちが知っていると思っていること、知っているはずのことが必ずしも正解ではないという現実と、そろそろ向き合っていくべき時をむかえているのではないでしょうか？

ユダヤの友人が指摘してくれたとおり、今の日本は魂の戦争のために滅びの危機に瀕していると、私は感じています。

でも、日本の中で暮らしていると、そのことに気付くことができないのです。

そんな中で、この危機を回避するための大いなるヒントを与えてくれるのが、イスラエルという国、そこに住むユダヤ人たち、さらには彼らの信じる聖書の世界だと、私は確信しています。

イスラエルという国は一度滅びて再び建国した、世界に類を見ない奇跡の国です。

そして、それを成し遂げたユダヤ民族は、世界に冠たるベストセラー聖書を世に贈り、２０００年以上も前に西暦をスタートさせた世界一の有名人、イエス・キリストを生みました。

さらに現在では、世界人口の0・2%ほどでありながら、世界の富豪の35%、ノーベル賞受賞者の36%を占めているユダヤ人。

すべてが異次元で、奇跡としか思えないようなことばかりです。

もちろん、必ずしも日本がイスラエルやユダヤ人の真似をするのが正しいとは思いません。

いまの日本人に決定的に不足しているものに気づかせてくれるという側面の一方で、ユダヤ人の頑なで排他的な選民思想は戦いの道へと続くようにも思えるからです。

ただ、それにしても私たちは彼らの本質を知らなすぎると思うのです。

わが師であり、世界的な、歴史に残るようないくつもの発明を成し遂げた糸川英夫博士は、「日本とイスラエルが手をつなぐとき、世界が平安に導かれる」と言いました。

そして、その生涯最後の仕事として、日本とイスラエルという二つの国を結びつけることに、まさに命がけで取り組みました。

なぜそんなことが言えるのでしょうか？

私にも最初は分かりませんでした。

だから、いまは半信半疑でもまったくかまいません。

ただ、あなたの中にある様々な常識や先入観を、今だけすこし脇に置いてみてください。

この本のページをめくることで、数千年の時空を超えて、「ユダヤに学ぶ」冒険の旅にともに出かけてみてほしいのです。

日本という枠から飛び出すことで、本当の日本の姿が見えてくることでしょう。

そして、ユダヤの秘密、たったひとつの「変容の法則」を知ることができたとき、あなたの人生が、そして世界の未来までもが大きく変わってゆくはずです。

目次

第1章

人生を変える旅の始まり

世界一のベストセラー「聖書」

聖書というのは、実に不思議な書物です。

クリスチャンが人口の1パーセントにも満たない日本でさえ、ホテルに泊まると聖書が置いてあります。

「聖書」とは、ユダヤ教およびキリスト教関連の宗教ではもっとも重要な宗教文書とされます。一冊の中で「旧約聖書」と「新約聖書」に分かれているのですが、ごく分かりやすく言うと、イエス・キリストが生まれる前が「旧約」、後が「新約」ということになるでしょう。

キリスト教は両方を教典としていますが、ユダヤ教では旧約聖書のみが読まれます。また、実は聖書はイスラム教にとっても教典とされています。

2016年現在、キリスト教には約24億人、イスラム教には約11億人、ユダヤ教には約1400万人の信者がいます（ブリタニカ国際年鑑2017年版）。

３つの宗教を合わせると約35億人と、同年の世界人口約73億人の半分近い数にのぼります。ということは、今でも世界の半数近くの人々が聖書を読んでいるということになりますね。

ヨハネス・グーテンベルクが活版印刷術を発明し、最初に印刷したのも聖書でした。２０１７年現在、全部または一部が世界３２００以上の言語で翻訳されており、全世界発行部数は少なく見積もっても50億冊を超えると言われています（１５０億冊以上という説もあります）。日本では１８００年代後半から２００４年にかけて約3億冊が発行され、現在も年間約21万冊が頒布されています。

つまり、聖書は世界一のロングセラーであり、ベストセラーなのです。

これほどまでに読まれている書物のことを、日本人のほとんどが知らないというのは、なんとももったいないことだと思うのです。

だから、これからともに紐解いていきましょう！

と、言いたいところなのですが、実は私たち日本人にとって、聖書を読むことは容易ではありません。聖書に貫かれている「ＧＯＤ」、すなわち唯一絶対の創造主という概念を、日本人が持ち合わせていないからです。

一木一草に至る森羅万象すべてに神様が宿っているという感覚をもつ日本人にとって、聖書は理解不可能と言っても過言ではないかもしれません。

私自身、聖書に関心を持ったことなど一度もなく、手に取ったことも読んだこともありませんでした。

それが大きく変わったのは、今から33年前、１９８８年の夏のある日のことでした。

軽い気持ちで出かけた先で待っていたのは、その後の私の人生をまったく変えてしまうほどの大きな出逢いだったのです。

糸川英夫との出逢い

１９８８年の7月、当時29歳だった私は、友人に「勉強会に参加しないか」と誘われて、初めて糸川英夫先生のご自宅に伺いました。

「糸川英夫」という名前を聞いたことがないという人もいるかもしれませんが、２００３年に打ち上げられた小惑星探査機「はやぶさ」の目的地となった小惑星「イトカワ」のことならご存じなのではないでしょうか？

糸川英夫は、日本の最も優秀な頭脳を持つ一人として陸軍戦闘機「隼《はやぶさ》」の設計に携わり、ペンシルロケットの水平発射実験を成功させ、東京大学内に宇宙航空研究所（後のＪＡＸＡ）を立ち上げました。「日本の宇宙開発の父」と呼ばれ、彼がいなければ日本の宇宙開発は数十年遅れていたと言う人もいるほどです。

また、『逆転の発想』（２０１１年プレジデント社より新装版が発刊）をはじめとするベストセラーを次々と世に送り出し、宇宙開発以外にも医療機器の分野では日本初の脳波測定器をつくり、音響工学の分野では名器・ストラディバリウスに負けないバイオリンを製作するなどの数々の偉業を成し遂げました。

戦闘機にロケットと聞いて、憧れない男子はいないでしょう。

あの糸川英夫から直に話が聞けるのかと思うと、その時が楽しみで仕方ありませんでした。

当時東京の世田谷にあった先生のご自宅に着くと、すでに10人ほどの参加者が車座になって、糸川先生を囲んでいました。上場企業の社長、中小企業の経営者、近所の米屋の女将さん、家具屋の親父、学生といった具合に、顔ぶれは実に様々で、さながら寺子屋のようでした。

そんな中に入れてもらい、ドキドキしている私の前に置かれたのは一冊の「聖書」でした。

えっ！ロケット博士の勉強会になぜ聖書？

驚く私をよそに、皆で順番に聖書を読んでいきます。

キリスト教とは縁もゆかりもない私が、聖書を開き声に出して読んだ初めての体験でした。

初めての勉強会のテーマは「モーセに学ぶリーダーの引き際」でした。

旧約聖書の「出エジプト記」は、偉大なイスラエルの祖師モーセが、エジプトに捕らえられたユダヤの民を指導して、約束の地へと40年にもわたって流浪するという、旧約聖書のハイライトともいえる壮大なストーリーです。

「十戒」というハリウッド映画にもなっているので、日本でも知られていますね。紅海が割れ、その中をモーセ率いる出エジプトの民が海の中を進むクライマックスシーンはあまりにも有名です。

糸川先生はこんなふうに仰いました。

「書店に行くとたくさんのリーダーシップ論が並んでいますね。

でも、それらの本のほとんどが一年もすれば本屋から姿を消します。

何十年も売れ続けるリーダーシップ論などないと言っていいでしょう。

でも、モーセの物語は4000年近く読み続けられているのです。
聖書を宗教の経典にしないでください。
聖書は、人類の智慧の書物です。
だから、それを読み解き、今を生きる私たちの指針にするのです。
人間の本質は、聖書の時代も今もなんら変わっていませんから」。

目から鱗《うろこ》が落ちた瞬間でした。
身体から熱が湧いてくるほど感動しました。

実は、私は悩み苦しんでいました。
良い学校を出て、良い会社に入って、結婚して子供が生まれ、良い家庭があれば人は幸せになれるのだという神話を信じて生きてきた私は、そのすべてを手に入れたにもかかわらず、いつも言い知れぬ渇きのようなものを感じていました。

何かが違う……、心の中から静かな呼びかけがあったように思います。けれど、この世の雑音を言い訳にその静かな呼びかけを聞かないふりをしていたある日、耳が聴こえていないことがわかりました。

病院に行くと、人の声を聴き取る周波数帯域が抜け落ちている感音声の難聴で、回復の見込みはないと言われました。

「どうしてこんなになるまで放っておいたのですか！」という医師の言葉を聞いて、私はまっしぐらに鬱《うつ》病に堕ちていきました。

食事がとれない、食べても砂を噛むような味気なさ。

夜は眠れず、朝が来るのが怖くなる。

妻とまだ赤ん坊だった最愛の娘を実家に帰し、自ら命を断とうとまでしました。

目を覚ましたのは3日後のこと。奇跡的に発見された私は、病院の集中治療室に運び込まれていました。あと30分遅れていたら、助からなかったそうです。

私は一度、死んだのかもしれません。

出逢いが変わり、運命が変わりました。

「人間はどうして生まれてくるのだろう？　どうせ死んでしまうのに」。

これまで心に浮かびながらも、どこにも答えを見つけられずにいたその問いかけが、大きく迫ってきたのです。

様々な宗教に答えを求めました。インドにも行ったし、あらゆる新興宗教をかじり、その教祖たちに会いにも行きました。でも、どうしても見つけられなかった「人はなぜ生きるのか？」という問いに対する答えが、そこに見えた気がしたのです。

どんなに時が流れても、
どんなに時代が変わっても、
本当のことは決して変わらないのだよ。

そんな神様の声が聞こえたように感じました。

手首を切った28歳の夏からちょうど一年がたったこの日、私は「この人を人生の師にしよう」と勝手に決めました。

糸川先生は弟子を取ったりはしていなかったのですが、「弟子は師匠を選べるが、師匠は弟子を選べない」とうそぶいて、糸川先生を追いかけはじめたのです。

毎月津から東京に通いました。

当時の私にしてみれば「冒険」でした。

翌年、私は糸川先生に導かれて聖書の舞台、イスラエルを旅しました。

今思えば、お金も時間もない中で、これも「冒険」でした。

あのイスラエルの旅がなければ今の私はありません。

人生を根っこから変える旅でした。

カルチャーショックによって、価値観をひっくり返されたのです。

宗教という枠を遥かに超えた糸川先生の聖書講義は、魂の深い場所に染み込んでいきました。モーセ、アブラハム、イサク、ヤコブ……、そしてイエス・キリスト、登場人物がいつしか身近に思えてきました。

聖書は宗教の経典ではなく、まさに時代を超えた智慧の書だということを知りました。

いまでは多くの人たちのガイドとしてイスラエルをともに旅し、キリスト教徒でもない私が全国各地で「聖書塾」を開き、そこに多くの生徒たちが集っているのですから驚きです。

そして、「なぜ聖書？」という顔をしている人たちの前で聖書を声に出して読みながら、いつも私は願うのです。

一人でも多くの人の人生が変わりますように、と。

モーセに学ぶリーダーの引き際

糸川先生の解説で私が初めて出逢った聖書の世界、「モーセに学ぶリーダーの引き際」はこんなふうでした。

旧約聖書の「出エジプト記」というのは、今から４０００年ほど前にエジプトで４００年以上奴隷になっていたユダヤの民を導いて、約束の地を目指して進んでゆく物語です。

当時エジプトにいたイスラエル人は成人男性だけでも60万人と言われていますから、女性や子供たちも合わせると少なくとも１００万人以上の大移動ということになります。まさに民族大移動ですね。

それだけの人間が動くのですから、次から次へと様々な出来事が起こります。
民衆は望んで奴隷から解放されたというのに、エジプトの肉鍋が恋しい、こんなことなら元の奴隷生活に戻りたいと愚痴を言います。
偶像崇拝をしてはならないと言うのに、拝むものが欲しいと金の牛の像を作って拝み始めます。

どうにも耳の痛い話です。

しかしモーセは、そんな民衆たちを見捨てることなく、神の言葉を伝え導いてゆこうとするのですが、とうとう神の怒りに触れてしまいます。
「奴隷根性が染み込んだ人々を約束の地に入れるわけにはいかない」ということで、世代交代するまでの40年間、モーセとユダヤの民は荒野を彷徨《さまよ》うことになるのです。
孤独なリーダー、人間モーセの苦悩をも聖書は赤裸々に記してゆきます。そして、40年間荒野を彷徨ったモーセとユダヤの民がいよいよ明日、約束の地に入る。そんな壮大なドラマのクライマックスに神からモーセに声がかかります。

わたしがアブラハム、イサク、ヤコブに
これをあなたの子孫に与えると言って誓った地はこれである。
わたしはこれをあなたの目に見せるが、
あなたはそこへ渡って行くことはできない。
（申命記34－4）

40年もの間、命をかけて民衆を導いてきたリーダーに、ようやく目前までたどり着いた約束の地を、見せはするが入ることは許さないと、神が言ったというのです。

まったく初めて聞く聖書の世界に、私は大きく心を揺さぶられていました。

なんとひどいことを言うのか！

神も仏もあるものか！と、本気で思いました。

そんな私の想いを知ってか知らずか、糸川先生はこの節をこのように読み解かれました。


「日本人の心情なら、これだけの偉業を成し遂げた指導者に対して、せめて約束の地を踏ませてやりたいと思いますね。しかし、リーダーと言うのは孤独なものであり、果たすべき役割があるのです。

リーダーの仕事は、ふたつです。一つは後継者づくり。リーダーとは、リーダーの椅子に座った瞬間から、誰を次にリーダーの椅子に座らせるかを考えなければなりません。

そしてもうひとつは、美しい引き際です。モーセは、ヨシュアという若いリーダーを後継者として育てました。しかし、もしもモーセがヨシュアと一緒になって約束の地に入っていったらどうなるでしょうか。イスラエルの人々は、モーセ派、ヨシュア派と分かれてしまうのではないでしょうか。ですから、モーセが引退するのは、約束の地に入る前でなければならないのです。

人情的にはつらくても、リーダーというのは引き際ですべてが評価されるのですよ。4000年たってもモーセが偉大な指導者と言われる所以は、ヨシュアという立派な後継者を育てたことと、この美しい引き際にあると私は思います。

リーダーとはすべての理想を完成することはありません。志半ばで次にバトンを渡す宿命を生きるものなのです」。


出エジプト記から始まり、レビ記、民数記、申命記と旧約聖書の中で226ページにも及ぶモーセの物語はたったこれだけで終わります。


こうして主のしもべモーセは主の言葉のとおりにモアブの地で死んだ。

今日までその墓を知る人はない。

（申命記34－5）


糸川先生の解説を聞いた後にこの一節を味わった時、そこにもはや憤りはなく、リーダーとして潔く生ききったモーセの後姿を見るような思いがしたのでした。

科学者が聖書を学ぶ理由

それにしても日本人というものは、法事があれば数珠をもって手を合わせ、正月になれば神社へ初詣に出かけるにもかかわらず、どこか宗教というものを嫌うところがあるようです。

信じる神の違いが戦争の原因になったり、侵略のツールとして使われたり、それに、どうも腐敗してお金儲けに走っているような印象もありますね。

糸川先生は、生涯「神」について人前で話すことはありませんでした。目に見えないことを探求しつつ、科学者としての立ち位置を守り続けたのです。

宗教家のように見られることを嫌った糸川先生ですが、科学者として宗教についてこのように話されていました。

「人に宗教が必要な理由は3つあります。

一つ目は、見えない世界への知的好奇心と探究心。これが、科学を発展させてきました。

神が造った世界なら完璧な秩序がはたらいているはずです。

枝から落ちたリンゴを見たニュートンは、どんな高いところからでもリンゴは落ちるのだろうか？と考えました。ならば、どうして40万キロ上にある月は落ちてこないのかと考え続けた結果、万有引力を発見したのです。ユダヤ人であるニュートンには、聖書の信仰が根本にありましたからね。

二つ目は、道徳心です。誰もいないと思っていても、どこかで目に見えない神が見ている、自分のことを知られていると思う時に、人は良心を取り戻し悪いことができなくなるのです。

そして、三つ目は救いです。人生の中では誰もが、どうしようもない悲しみに打ちのめされるときがあるものです。死んでしまいたいようなときに、宗教にすがることで救われることがあるのです。人間の業の救済のためにも宗教が必要な場面があることは否定できません」。

宗教が必要であることは大いに腑に落ちました。

しかし、キリスト教徒でもユダヤ教徒でもない私たちが、どうして聖書を学ばなければならないのでしょうか。

「新約聖書の究極の教え「汝、自らを愛するが如く、隣《とな》り人《びと》を愛せよ」が万人に共通する普遍的な真理であることは、すぐにわかることです。

日本人は西洋人が発見した科学の原理を導入する時、哲学・宗教的な部分をそっくり落としてしまいました。日本人がその原理を応用し作った技術は、もっぱら経済と結びついてしまったのです。その経済も、哲学・宗教がともなっていないため、欲望に歯止めがかかりません。

いい加減に、日本人は自分たちが奴隷状態に陥っているのだということに気づいてもいいのではないでしょうか。奴隷のくびきから脱するためには、理念とビジョンがなければならないというのが、モーセの教えてくれるところなのです。

理念は簡単です。「万人が幸せになること」です。

したがって、われわれは思索し、対話して行動の規範となるものを早急にまとめ上げていかなければならないでしょう。西洋の聖書に根差したものも参考にしつつ、今こそこれが日本のモラルだと世界に胸を張って主張できるものを体系化し、確立する必要があるのです」。

聖書を学ぶ理由がすこし分かった気がしました。

糸川先生の目的は、先生個人のものでなく、私たち日本人、もしくはアジア人、さらにいえば世界中すべての人々に共通する志とも言えるものだったのです。

世はバブル真っ盛りの頃でした。

先生は私にこう言いました。

「土地も株も銀行も大会社も崩壊するでしょう。今日本は国が滅亡するかもしれない危機を迎えています。

欧米に学び追従する時期はとうに過ぎました。イスラエル国こそ、今の日本民族にとってもっとも大切なメッセージを伝える国です。でも、誰もそんな声を聞こうとはしない。だから私は、たった一人でも日本のためにイスラエルとの橋渡しをしようと思っています。

いつの日にか日本とイスラエルが手をつなぎ、大きな影響力を及ぼして世界を平安に導くことを確信しています」。

まだ自分が生きることだけでせいいっぱいだった私には、なぜ日本とイスラエルが手をつながなければならないのかも、先生の本当の想いもよく分かってはいませんでした。

それでも、糸川先生の声を聞きたい、学びたい、という想いに突き動かされた私は、どんな時にも一言一句聞き逃すまいとメモを取り、何度も何度も聖書を開き読み返しながら糸川英夫の思想を学んでゆきました。

そして、なぜイスラエルなのかという明確な答えはわからずとも、そうせねばならない何かを感じて、その声に従い、ただひたすら先生とともにその道を歩み続けたのです。

独創力の塊　永遠の少年

さて、独創的な糸川先生の姿は眩しい太陽のようでしたが、当時の私は現実とのギャップに押しつぶされそうになりながら、東京に通っていました。

月に二度の上京はまわりの人たちの理解も得られず、金銭的な負担も相当なものでした。何より、「現実逃避ではないのか」という自分自身の心の中での葛藤に苦しみました。

それでも、糸川先生を「師」と決めた以上、自分を捨てて従おう、きっと聖書やユダヤの教えに人生を変える秘訣があるに違いないと私は自分を奮い立たせました。

糸川英夫という人物は独創力の塊で、その異能に触れたら離れがたくなります。

英字紙2紙を含め、7紙ほどの新聞を取って瞬く間に読み飛ばし、スクラップを指示してゆきます。

それでいて、ことあるごとに「新聞で信じていいのは日付だけだよ」と言うのです。

本も次々とページを繰って書き込みをし、それを執筆や講演の糧としてゆきました。ハードカバーの本を買うと、しばしば表紙をバリバリと破り、出張で3時間の移動をするときには、3時間読める分だけの本をちぎって持って行きました。

そして読み終わった本は、駅のゴミ箱に捨てるのです。

「必要になればまた買えばいい。本なんて安いものです。本は置いておくものではなく、読むもの。それに3時間しか読めないのに、5時間分の本を持っていくのは無駄です。切れ端の時間を大事にしなさい」と言いました。

いつだったか、先生の家で朝ごはんをいただいていると、先生がポツリと言いました。

「80年生きてきてね、あなたより少しは余計に勉強したと思うけれど、知れば知るほど、自分が本当は何にも分かっていないということが分かりましたよ」。

いまさらながら、その言葉の凄さをしみじみ噛みしめるのです。

「前例がないからやってみよう」

それが、糸川英夫の生き方でした。

「すべての生物は、逆境のときだけ成長する」。

それが、先生の口ぐせでした。

55歳で東京大学の教授職を捨てたのも、定年になって恩給がつくようになれば、独創力が失われてしまうからだと教えてくださいました。

「あのね、人は何かを手に入れることよりも、一度手に入れたものを捨てることの方が、はるかに難しいのですよ。

いずれ、全てを捨ててこの世を去らなければならないのだから、その訓練だと思えばいいですよ」。

戦闘機「隼」の設計、ロケット博士の名声、東大名誉教授……。

世界的な、歴史に残るようないくつもの発明をしたにもかかわらず、それをまったく誇ることなく、それどころか10年ごとにその一切を捨てて、常に新しいことに挑戦し続ける人生を貫かれました。そして、55歳から本の執筆を開始し、超ベストセラー『逆転の発想』をはじめ70冊を超える著書を残されました。

私は先生の晩年の10年間、ずっと傍に置いてもらいましたが、先生の口からロケットの話が出ることは一度もありませんでした。瞳を輝かせて語られるのは、次に何をやるか、いま自分は何を感じているか、そしてどんなことを願っているかということばかりでした。

まさに永遠の少年でした。

そして、そんな糸川英夫が生涯最後の仕事としてまさに命がけで取り組んだのが、日本とイスラエルという二つの国を結びつけることだったのです。

人生を変える旅の始まり

それは糸川先生と出逢った１９８８年7月から半年ほどがたった、たしか12月17日のことでした。

先生が突然「あなた、イスラエルへ行きなさい」と言ったのです。

鬱病を患いサラリーマンを辞めて、なんとか父の会社に勤めはじめたものの、まだ仕事もわからず現場掃除くらいしか役に立たなかった時期です。

毎月東京に通うだけでも大変なことだったのに、なんと出発は二週間後の1月４日からと言うではありませんか。正月から二週間も会社を休むなんて考えることもできないし、１００万円を超える参加費を払うことも当時の私には到底無理な話でした。

しかも、行き先はあの危ない国、イスラエルです！

今でこそ、「師匠の言うことにできない理由は言わない。どんなことも返事は０・２秒で、「ハイ！」か「ＹＥＳ！」か「喜んで！」」などと、偉そうなことを言っている私ですが、この時はすっかり動転し、なんとかお断りしようとしました。


「先生、またの機会に誘ってください」。

そう言って断ると、先生は言いました。

「人生にまたの機会なんてありませんよ」。


「先生、正月から二週間休むなんてとても無理です」。

そう言って再び断ると、先生は言いました。

「あなたが二週間いないくらいで潰れるような会社なら、一所懸命やってもどうせダメだから、早く潰しなさい」。


「先生、友達の結婚式でスピーチを頼まれているんです」。

そう言って三度断ると、先生は言いました。

「友達の結婚式？ それなら、あなたが行かなくても終わるから心配いりません。それに、あなたのつまらないスピーチなんて誰の記憶にも残らないだろうけれど、エルサレムから電報を打ってご覧なさい。一生記憶に残りますよ」。

糸川先生があれほど熱心に誘ってくださらなかったら、私は行けない理由を山ほど考え出して、行かずに済ませたことでしょう。行けない理由なんて100通りだってあるものです。しかし、行く方法を一つ見つけることができれば人生は変わるのです。

不機嫌な家族を残し、ひとりぼっちで成田空港へ向かったあの時の期待に勝る不安と心細さは、生涯忘れることはないでしょう。

でも、成田に到着した時、私は心底驚きました。

糸川先生が三度も断った私をあんなに熱心に誘ってくださった本当の理由が、その時ようやくわかったからです。

参加者がいなかったのです。

先生も私も含めて7名、そのうち2名はイスラエルに着いてからは別行動でしたから、たった5名で小さなバスに乗って移動する旅でした。

ただ、理由はどうあれ、結果的に私は14日間ずっと糸川先生のそばで学ばせていただけることになりました。

人生を根っこから変える14日間の旅が始まったのです。

第2章

奇跡の国イスラエル

世界に類を見ない奇跡の国

日本人のほとんどは、行ったことがないにもかかわらず、イスラエルのことを「危ない国」だと信じ込んでいます。

糸川先生に導かれてイスラエルを訪ねるまでは、私もそう思っていました。

それは、メディアでそのように報じられているからです。

でも、私が実際に足を運び、この目で見て、感じたイスラエルは、日本での情報とはまったく違うものでした。

「新聞で信じていいのは日付だけ」という、糸川先生の口ぐせは本当でした。

なぜ正しい情報が入ってこないかというと、答えは簡単です。日本は、石油を買わないと生きていけない国になってしまっているからです。

石油を売ってくれるアラブ諸国は、ほぼ１００％イスラエルの敵国です。ヨルダンとエジプト以外、イスラエルとの国交はありません。

どちらを大事にしなければならないかというと、やはり石油を売ってくれる国ということになるでしょう。そうすると当然、日本の報道はアラブ寄りになります。

だから日本では、イスラエルに対するネガティブなイメージばかりが先行しているのです。

ユダヤ人の友人が、「日本ほど資源が豊かな国はない」と知らせてくれたことはお話ししましたね。

そんな豊かな水や緑のあふれた日本に対して、イスラエルという国は、南北に長く、日本で言えば四国くらいの大きさで、その約60％が砂漠です。

イスラエルの砂漠の年間降雨量は80ミリ以下です。これは日本ではだいたいどこであっても一晩で降ることもある程度の雨量です。また、日本ではごく普通にどこにでも川がありますが、砂漠に川はありません。

イスラエルの人たちにとって、水は本当に貴重な資源なのです。

イスラエルでは、国内最大の湖であるガリラヤ湖から水を引いてイスラエル第二の都市テルアビブの生活用水として活用しています。でも、使った水は日本のように海に捨てるのではなく、浄水した後南へと運び、砂漠の地上に張り巡らしたチューブにつないでいます。

チューブの真ん中には、10～15センチおきに小さな穴が開いていて、そこからポトンポトンと水が落ちてゆきます。その水は、きれいに浄化した淡水に栄養を混ぜたもので、植物の根元に掛かるような仕掛けになっているのです。

そう、彼らは砂漠のど真ん中で農業を行っているのです。

水がないところにはいっさい草が生えないので、除草剤も要りません。とても合理的な仕組みです。

このような地道な研究努力のおかげで、国土の約60％が砂漠であるにもかかわらず、イスラエルの食糧自給率は１００％を超えています。

多くの農産物がヨーロッパに輸出され、今でははるか日本にまで送られてきているものもあります。スウィーティという、グレープフルーツに似た柑橘をあなたも見たことがありませんか？

情報にあふれ、何でも知ったようなつもりになっている私たちですが、それは実は「知らないということも知らない」ということなのかもしれません。

ところで、糸川先生のイスラエルツアーは「イスラエルハイテク視察団」という名前で、イスラエルにある大学や研究所を視察し、最先端の科学技術を学び、日本の企業と結ぶためのものでした。

紀元73年ローマ軍によって滅ぼされ、2000年近く祖国を持たなかったユダヤ民族は、流浪の民となって世界中へ散りましたが、ロシア、ナチスなど様々な迫害を乗り越えて1948年に再びユダヤ人国家を建国しました。

建国にあたり、何よりも必要なのは優秀な技術者だと考えたイスラエル建国の志士たちは、さまざまなインフラの前に、エンジニアを作る学校を設立しました。それがテクニオン工科大学です。

建国にさきがけて、人材を育成するための工業大学を作り、共通言語としてのヘブライ語を復活させたユダヤ民族の発想に糸川先生は驚嘆し、そこに光を見ました。そして、「ビジョン」をもつことの重要性と、その力強い実践力をユダヤの民に学ぼうとしたのです。

糸川英夫は預言しました。

「日本とイスラエルが手をつなぎ世界を平安に導く」と。

その実現のために自費で日本とイスラエルの研究機関を結ぶ協会を立ち上げ、その会長を務めました。日本テクニオン協会、日本ヘブライ大学協会、日本ワイツマン協会、日本産業人テルアビブ大学協会、そして、日本ベングリオン大学フレンズ……。

とりわけ、ベングリオン大学との友情は生涯にわたって深い信頼関係を築き、今もなおつながり続けています。

純然たる科学者として、生涯「神」について語ることのなかった糸川先生が、「これは自分の意志で決めたことではなく、運命だった」と語っています。まさに、目に見えない大いなる力の働きだったのでしょう。

イスラエルに行って、初めてそれらの活動を目の当たりにした私は、先生の弟子を自称しているだけの自分がその場にいることが、相応しいこととはとても思えませんでした。でも、6回にわたる糸川先生とのイスラエルの旅の始まりの時、先生はいつもこう話してくださいました。

「旅に目的は必要ありません。
それは、サングラスをして風景を見るようなもの。
色眼鏡をはずして、イスラエルを感じてください。
そしてこの旅で、生涯通してつきあえる友が出来たら
旅は成功だったと言えるでしょう」。

ふっと気持ちが楽になりました。

今ではこの言葉は、旅の始まりの時、ともに旅するすべての人に伝える、私の一生の

宝物となっています。

キブツ　お金のいらない世界

ドイツ生まれのユダヤ人、アルベルト・アインシュタイン博士は、「地球からミツバチが消えたら、人類は4年ももたずに滅びるだろう」と言ったそうです。

花粉を媒介するミツバチがいなくなってしまったら、受粉ができず植物が育たなくなり、世界から3分の1以上の作物が消えるとも言われています。

そんな中、イスラエルのキブツ「スデ・エリヤフ」が世界中の国々に輸出しているのが、「BIO BEE」……、つまりミツバチです。工場でミツバチを繁殖させ、紙の箱の中に巣を作り、箱ごと世界の農場に送り出します。届いた箱を農場に置いてふたを開けると、ミツバチたちが飛び出して果物の受粉をしてゆくのです。

世界からミツバチが消えることが危惧されている中で、「ならばミツバチを作ってやろう！」と考えるユダヤ人たち。この「逆転の発想」こそ、ユダヤ魂の真骨頂といえるのかもしれません。

ところで、「キブツ」とはなんでしょうか?

イスラエルを共に旅し、「キブツ八ヶ岳」という新しいコミュニティを創る若きリーダー、滝沢《たきさわ》泰平《たいへい》さんの『宇宙学校』（きれい・ねっと）を一部引用します。

「KIBBUTZ（キブツ）」とはヘブライ語で「集団・集合」を意味する言葉であり、イスラエルで生まれた「共同体（コミュニティ）」のことです。

キブツの歴史は、１９０９年帝政ロシアの迫害を逃れた若いユダヤ人男女の一群が、パレスチナに帰って最初のキブツ「デガニア」をガリラヤ湖畔に作り、共同生活をはじめたところからスタートしました。

彼らは自分たちの国家再建の夢を実現させようと願い、その第一歩として農地を買って、風土病（マラリヤ）などとも戦いながら、ユーカリの木を植え、湿地帯を開墾し、血のにじむような努力の中で生活をしてキブツを発展させていきました。

現在では国境地域を中心に約270のキブツが存在し、それぞれのキブツの構成員は100～1000人程度、総勢は15万人以上ともいわれています。
農地開拓から始まったキブツのメインの産業はやはり農業。その生産技術は国際的にも最高の水準を保っており、人口のわずか3％に過ぎないキブツで、イスラエルの農産物の実に40％が生み出されています。

キブツでの生活は、一般社会のように個人や家族が生活の単位ではなく、キブツメンバー全員が大家族として暮らしており、所有も生産も消費も、そして生活の一部も共同化されています。
共同化されているというのは、衣食住を中心とした、生きていくのに必要なものには一切お金はかからないということです。病気をしても医療費は無料、子どもにかかる保育費や教育費もすべて無料なのです。

バランス感覚に優れ、物事を的確にとらえる泰平さんを尊敬します。「キブツ八ヶ岳」での取り組みはすばらしく、ぜひ彼の未来へのビジョンにも触れてみてほしいと願います。

さて、ここからは私が実際に何度もキブツを訪ねてきて感じていることを、糸川先生から教わったことも交えながらお話しすることにしましょう。

実は「キブツ」とは人類の歴史上、唯一成功した社会主義の組織とも言えます。

社会主義思想はユートピア思想ともいわれ、誰もが平等という、まさに理想郷のような世界の実現をうたっています。でも、あの巨大な社会主義国家、ソビエト連邦は１００年ほどで崩壊してしまいました。

社会主義の国々は信仰のない「神なき世界」です。

一方のイスラエルはユダヤ教の国家です。

信仰をもつ人々による平等の世界は、私たちの未来に一つの可能性を示すものなのかもしれません。

私がよく訪ねたのは、死海のほとりにあるキブツ「エンゲディ」です。

荒野の中に忽然《こつぜん》と現れる緑のオアシス。

キブツ「エンゲディ」に入ると、立派なバオバブの木が出迎えてくれます。サン＝テグジュペリの『星の王子様』に登場するアフリカ原産のバオバブですが、そうやすやすと本物にお目にかかれることはないでしょう。

色とりどりの花が咲き乱れる天国のようなこの地も、もともとは砂漠。緑があるところは、すべて人間の手が入っているのです。


キブツに暮らす人たちは皆、驚くほど生き生きとしています。

それはきっと、それぞれが誰かの役に立っていることが、生きがいにつながっているからだと思います。

働き盛りの有能な人たちだけではなく、たとえば、年老いて農作業ができなくなった老人は、家事や子育てを手伝ったり、子どもたちや若い人たちに話を聞かせることでキブツの役に立っています。キブツでは役に立っていることのすべてが労働としてカウントされ、生活に必要な一切のものが支給されるのです。


キブツの中にいるかぎり、お金を目にすることはありません。

お金がなくとも、老若男女すべての人たちが豊かに生き生きと暮らしている世界が、そこにはたしかに存在しているのです。

そんな世界を目にした時、あなたは何を感じますか？

いま、日本人のほとんどが「お金がなければ生きていけない世界」に暮らしています。しかしお金というものは、いつ価値を失い、紙くず同然になるか分からない、いわば幻のようなものです。

日本の都会に生きる人たちは、もしもお金が使えなくなってしまったら、一体どうなるのでしょう。

「買う」という消費だけで命をつないできた人たちは、どうやって生きてゆけばよいのでしょうか。

今こそ「人間が生きていくのに本当に必要なものは何か？」ということを一人ひとりが真剣に考える時です。

違うことが当たり前のユダヤ人の教育

ユダヤの人々は、教育の重要さを骨身にしみて知っています。

ただし、その教育は学問的な知識を呪文のように暗記させる日本の教育とは、全く違います。ユダヤ人がユダヤ人であるために、教育こそが最も大切なものであると捉え、生まれた時からユダヤ人としての教育がなされるのです。

その教育現場をとても気に入っていた糸川先生は、イスラエルを訪れるときには必ずと言っていいほどキブツの学校を訪ねていました。

キブツの学校を見学させてもらって、まず驚くのはその騒がしさです。

授業中に「質問はありませんか?」と先生が聞くと、全員が手を挙げます。

ユダヤ人にとっての一番の侮辱は、「人と同じ」ということです。

彼らは、人は誰もが神によって創られる「被造物《ひぞうぶつ》」だと考えています。

神が与えてくれたこの命には、誰とも違う、自分にしかできない役割があると考えるのです。

ユダヤ人にとって、教育とは「神が与えてくれた、それぞれの役割を見出すこと」です。人と同じなら生まれてくる必要も意味もない。誰とも違うからこそ生まれ、そして、その役割を果たしてゆくことこそが「生きること」なのだと子どもたちに教えるのです。

授業中に誰かが意見を言えば、それに対して次々に自分の意見を言います。先生はひとつずつの意見に耳を傾けるのですが、どの意見も否定せず、ジャッジをすることもありません。

とにかく騒々しい教室の様子は、私たちが「普通」だと思ってきた学校生活からすると、異常とも思える光景ですが、それがユダヤ人の学校の「普通」のようでした。

そんな授業中に、私はその輪の中に入ろうとしない少年がいることに気づきました。

アリエルという名の男の子は、小学校4年生だったでしょうか。どこか遠いところを見て、気持ちは上の空といった様子です。

私がどうしてその子のことをよく覚えているかというと、学校になじめず居場所がなかった自分の小さかった頃を思い出してしまったからです。日本の小学校であれば、間違いなく協調性がないというレッテルを貼られて問題児にされてしまいますね。かつての私がそうであったように……。

案の定、アリエルは校長先生の部屋に連れて行かれました。私もよく校長先生の部屋に連れて行かれ、正座をさせられたものです。私にとって、叱られてばかりの学校は実につまらないところでした。

しかし、アリエルが校長室に行ったのは、罰を受けるためではありませんでした。アリエルは、校長室にあるコンピューターに興味があったのです。校長は、アリエルにコンピューターを触らせます。するとアリエルの瞳はみるみる輝いて、まるで別人のように校長の言葉に耳を傾け、どんどん質問を始めたのでした。

わからない授業を無理やり聞かせたり、関心のないことを無理に教え込んでも身につくことなどありません。

それよりも、興味のあること、好奇心が湧くことに集中させて能力を伸ばしていけば、いつの間にかほかの分野での成長も促されるとユダヤ人たちは考えているようです。

そして、もうひとつ驚いたのは、アリエルの同級生たちの様子です。特別扱いされているアリエルに嫉妬することもなく、何事もなかったかのように仲良くしているのです。人と違うことが当たり前だと考えているユダヤ人は、差別したりいじめたりといったことも少ないようでした。それはそうでしょう、ユダヤ人は生まれたところや肌の色、目の色が違うのが当たり前の民族なのです。

彼らをユダヤ民族としてつないでいるのは、「民族の歴史」すなわち「神話」です。そして、その神話が描かれているものが「聖書」なのです。

たとえば、あなたは「どうして人を殺してはいけないのか」という問いに対して、どのように答えますか？

ユダヤ人たちは、「律法（モーセの十戒）に書いてあるから」と答えます。

そこに理由などありません。
ダメなものはダメなのです。
それは、生きてゆくための掟なのです。

息をして、太陽の光を浴び、水を飲まなければ人は生きてはいけないもの。
それと同じように、神の声に従うことは理由の要らない定めなのです。
それが彼らの信仰であり、揺るがぬ強さの秘密なのかもしれません。

神との契約を守り続ける民族

イスラエルでの日々は、カルチャーショックの連続でした。

イスラエルでは、金曜日の日没から土曜日の日没までを安息日「シャバット」と呼んでいます。シャバットは聖なる日とされていて、この日は一切の労働を止めて休息しなければなりません。

糸川先生の聖書講義で学んだモーセを通して神が授けた「十戒」は、ユダヤ民族にとって、どんなことがあっても守らねばならない掟の中の掟です。

あなたはわたしのほかに、なにものも神としてはならない。
あなたは自分のために、刻んだ像を造ってはならない。
あなたは、あなたの神、主の名をみだりに唱えてはならない。
安息日を覚えて、これを聖とせよ。
あなたの父と母を敬え。
あなたは殺してはならない。
あなたは姦淫《かんいん》してはならない。
あなたは盗んではならない。
あなたは隣人ついて、偽証してはならない。
あなたは隣人を妬みうらやんではならない。
（出エジプト記20‐3～17抜粋）

神からの8つの禁止事項と2つの命令からなる十戒。

先ほどの「殺してはならない」というのもその一つですが、それと同じくらい大切な項目として「安息日を覚えて、これを聖とせよ」というものがあるのです。それゆえユダヤ民族は、流浪の民として異国の地にある時にも、安息日を守り通してきました。

シャバットの日は、すべてのお店が閉まり公共機関は一切ストップします。火を使うことは仕事とみなされるため、料理もダメ、タバコを吸うのもダメ、フラッシュ撮影もダメ。ホテルのエレベーターなど、スイッチを押すことも仕事になるとして、シャバット専用各階停止のエレベーターがあるほどの徹底ぶりです。

ユダヤの人々はこの日、神の前に祈り、祖先の苦難を偲びます。

そしてトーラー（聖書）を学ぶひとときを持つのです。

シャバットを守ることで、民族の記憶は親から子へ、子から孫へと絶えることなく伝えられてゆきました。

2000年もの間、国を持たずにいたユダヤ民族が、ユダヤ人としてのアイデンティティを失わずにいられたのは、彼らがシャバットを守ってきたからだと糸川先生は教えてくださいました。

十戒は旧約聖書の中でどんどん細分化され、やがて６１３もの戒律となってゆきます。たとえば食に関しては「水の中に住むものでヒレとウロコの無いものは食べてはならない」とされているため、敬虔なユダヤ教徒は今でも海老・カニ・貝・タコなどを決して口にしません。

ユダヤの人々にとって、戒律とは神との契約であり、それを守ることは信仰そのもの、生きることそのものなのです。

しかし、異邦人の中にあって民族の心を失わないユダヤの民は、大変な迫害を受け続けることになります。ロシアのポグロム、そしてナチスドイツによるホロコーストは歴史に残る大虐殺となりました。

ユダヤ人だという理由だけで、殺される。

人間は一体、どこまで残酷になることができるのでしょう。

ユダヤ人の魂の叫びを魂で感じることで、国を持たないということが、どれほど悲しく辛いことなのかということを、国があるのが当たり前になってしまっている日本人に体感してほしい。

日本にいた時には分からなかった糸川先生の言葉の真意が、イスラエルの地に実際に立ってみることで、少しずつ心の奥に染み入ってくるのを感じていました。

国を失う哀しみ　マサダ

初めてイスラエルを訪れた時から、イスラエルに行くたびに、私が必ず訪ねる場所のひとつが「マサダ」です。

「マサダ」とは、ヘブライ語で「砦《とりで》」という意味です。

死海のほとりにあるマサダは、高さ400メートルの頂上を平らに切り取ったような、自然によって創られた要塞です。

マサダは、イエス・キリストが地上で活動していたころ、イスラエルを統治していたヘロデ王の冬の宮殿があったことでも知られています。

建築の名手でもあったヘロデ王は、マサダにいくつもの貯水槽を作り、漆喰で塗り固めて水が漏れないようにして周囲の山々に降った水を集め、貯水しました。年間降水量80ミリほどの荒野で、10年分の水を蓄え、農耕、牧畜をすることによって完全なる自給自足ができたのです。

おそらくヘロデ王は、首都エルサレムで反乱が起きるなどして危険が迫ったときに逃げ込むつもりで、マサダをつくったのでしょう。

西暦73年、イスラエルはこのマサダでのローマ軍との最後の戦いに敗れて崩壊し、ユダヤ民族は国を持たぬ流浪の民として世界に散らされることになります。

イエス・キリストは、十字架に向かう前にこのように嘆いています。

ああ、エルサレム、エルサレム、

預言者を殺し、おまえにつかわされた人たちを石で打ち殺す者よ。

ちょうど、めんどりが翼の下にそのひなを集めるように、
わたしはおまえの子らを幾たび集めようとしたことであろう。
それだのに、お前たちは応じようとしなかった。
（マタイによる福音書23－37）

イエスは、真の愛国者でした。

やがて訪れる祖国の滅亡を予見した時には、胸も張り裂けんばかりの気持ちだったことでしょう。

そしてその預言のとおり、イエスが十字架で殺されたのち40年ほどして、ローマの支配に抵抗するユダヤ民族の反乱が起こり、イスラエルは滅亡へと向かいます。

西暦70年、ローマ軍によってエルサレムは陥落。

ユダヤ民族の魂の支えともいえる神殿も崩壊しました。

多くのユダヤ人が命を奪われました。

生きて捕えられた人々は、奴隷として連れてゆかれました。

その数はあまりにも多く、奴隷市場の価格が暴落して「ユダヤ人一人は羊一匹より安くなった」という記録が残っているほどです。

エルサレムが陥落した後、それでも最後の最後まで徹底的に抗戦すると覚悟を決めた熱心党の人々が南に逃げ延び、マサダに立てこもりました。

その数967名。

やがて、ユダヤ人の残党と最後の一戦を交えるべく、ローマ軍が迫ってきました。マサダの麓に駐屯し、いくつもの陣地を作ってゆきます。

8つの駐屯地にやってきたローマ軍の兵士の数は、およそ1万。

ローマ軍は、駐屯地と駐屯地の間に石の壁を作り、ユダヤの反乱軍が一人たりとも逃げられないようにしました。

一方、400メートル上の平らな山頂に立てこもるユダヤ人たちには、ローマ軍の動きが手に取るように見えていました。

難攻不落の自然の要塞から、石の砲弾を投げたり煮えたぎる湯をかけたりと、抵抗を続ける反乱軍をローマ軍は攻めあぐねます。

しかし、ある時状況が一変します。

3年もの間激しい抵抗を続けてきたユダヤ反乱軍が、ある日を境に攻撃を中止してしまったのです。

土木技術においても世界最強のローマ帝国は、付近の山を崩し、マサダの頂上めがけて道路を築造し始めていました。

なんと、その道路を作る工事の最前線で働かされていたのは、エルサレムから連れてこられたユダヤ人奴隷たちでした。

マサダから攻撃をすれば、同胞を傷つけてしまう。

もはや攻撃することも逃げ出すこともできず、ただ、ローマ軍が攻め込んでくるのを待つばかりとなってしまったユダヤ人たち。

もはや万事休す、これまでだ……。

道路が完成に近づき、あと数日で攻め込まれるというところまできたとき、ユダヤ反乱軍の司令官エリエゼル・ベン・ヤイールは、男たちをシナゴーグ（ユダヤ教の会堂）に集めて演説をします。

「ローマ軍に殺されることや、捕虜となって辱めをうけることよりも、唯一の主なる神に命を捧げ、ユダヤ民族の誇りを護るため自決の道を選ぼう」と……。

男たちはそれぞれの家に帰って、愛をもって家族を殺しました。

そして再び集まり、10人を選ぶくじを引きます。

「殺してはならない」というモーセの十戒は掟の中の掟です。

なかでも自殺は最も重大な掟破りになるのです。

自殺者は、家族と同じ墓に入ることも許されません。

せめて自殺者は出さないようにと、彼らは考えたのでしょう。

選ばれた10人が、男たちを刺し殺しました。

10人の中から最後に一人が選ばれ、残りの9人を刺し殺します。最後の一人は、地面に剣を立て、それに突っ伏して死にました。

マサダの発掘現場からは、その時のくじ引きの跡が見つかっています。


3年間の鬱憤《うっぷん》を晴らそうと、息を弾ませてマサダに乗り込んだローマ軍が見たものは、静まり返った要塞に山と積まれた武器弾薬に食糧。

そして、ユダヤ反乱軍とその家族の亡骸でした。


マサダの貯水槽には約4万トン、人々が10年は暮らせるだけの水が蓄えられていたと言います。そんな貯水槽の一つに、二人の女性と五人の子どもが隠れているのが見つかりました。

彼らの証言で、マサダの最後の状況が伝えられたのです。

おそらく、ヤイール司令官はユダヤ民族の最後の姿を伝えさせるために、彼らを逃がしたのでしょう。彼らから聞き取った話は、ヨセフス・フラビウスの『ユダヤ戦記』によって今も詳細に伝えられています。

ところで、このマサダでの壮絶な戦いの様子は、死海のほとりのクムラン教団にも聞こえてきたのではないでしょうか。いや、それ以前にローマ軍がクムラン教団を発見し、教団を構成するエッセネ派の人々も殺されたのかもしれません。

いずれにしても、ローマ軍がやってくるその前に、彼らは命に代えても守るべき聖書の「写本」を、壺におさめ洞窟に隠したのでした。

後に「死海文書」と呼ばれることになるこの写本に隠された秘密については、後ほどお話しすることにしましょう。

マサダの３年にわたる抵抗を最後に、イスラエルは滅びました。

イスラエルは、世界の地図から姿を消したのです。

こうしてユダヤ民族の流浪の日々が始まりました。

その後２０００年にわたり、国を持たないユダヤ民族は世界の各地で苦難の中を生きてゆきます。
しかし、それぞれの場所で血が混ざり、皮膚や目の色の違う人々となっても、彼らは決してユダヤ民族としてのアイデンティティを失うことはありませんでした。このことは、人類の奇跡というよりほかありません。

そして1948年5月14日、イスラエルは再び建国されました。

現在イスラエルでは、国民皆兵で18歳になると男女ともに軍隊に入ります。
入隊宣誓式はマサダで行われます。

再びマサダの悲劇を繰り返さないために……。

マサダにはためく巨大なイスラエル国旗。
私はそこに立つたびに、わが師、糸川英夫を思い出します。
先生は「ひとりでも多くの日本人にマサダに来てもらいたい」と言いました。

「ここにきて、国を失った民族の哀しみを感じれば、日本という国があることの有難さに感謝することができるでしょう」と……。

その言葉を胸に刻み、私はイスラエルの旅を続け、マサダに上り続けています。

イスラエル建国物語

イスラエルに行ってみて、観光客の多さに驚きました。

イスラエルは、世界中からクリスチャンたちが訪れる聖地なのです。

けれど、彼らにとって大切なのは２０００年前のイスラエルであり、イエスの物語です。

イスラエルの建国に深く心を寄せることはないでしょう。

私たちのイスラエルの旅では、延々と続く砂漠を走るバスの中でイスラエル国歌「ハティクバ」を練習します。「ハティクバ」とは「希望」を意味するヘブライ語です。

ハティクバ
われらの胸にユダヤの魂が脈打つ限り
ユダヤびとの目が東のかなたシオンに注がれる限り
二千年われらがはぐくみ続けた希望を失うことはない
シオンとエルサレムの地で自由の民となる希望を

そして、外国人観光客がまず行くことのない初代首相、ダビッド・ベングリオンが眠るネゲブ砂漠に向かい、そこで日本国国歌「君が代」と「ハティクバ」を歌うのです。

皮肉なことですが、イスラエルの建国はホロコーストがあったからこそ実現したものだと言っても過言ではないでしょう。

600万人が殺された、あるいはそもそもホロコーストはなかった……、様々な情報がありますが、その真偽や真相が問題なのではなく、そこから真実を見出すことこそが、大切なのだと思います。

当時、度重なるユダヤ民族への迫害にショックを受けたオーストリアのユダヤ人新聞記者テオドール・ヘルツルは、ユダヤ国家建設のプログラムを詳細に記した『ユダヤ人国家』という本を書き、第一回シオニスト会議を立ち上げます。

すると、当時37歳のたった一人の男の叫びによって世界中から200人ものユダヤ人が集まりました。そこで彼は「もしみんなが本当に僕の言うことを信じれば、これは物語ではなく本当に実現する。50年後に我々は約束の国に帰る」と宣言したのです。

結局ヘルツルの預言は外れました。テルアビブにあるその小さな建物「独立宣言の家」で、ダビッド・ベングリオンによる歴史的な建国の宣言がなされ、国歌ハティクバが演奏されたのは、この会議から51年後のことだったからです。

独立宣言の家は1948年5月14日、ベングリオンが独立宣言をしたそのときのままの部屋が残されています。

私たちはそこでベングリオンの演説の録音を聞くのです。そのあと誰ともなく歌いだされる涙のハティクバは胸を打ちます。

旧約聖書の中の三大預言書のひとつ、イザヤ書の中に「砂漠は喜びて花咲き」「荒野に水がわきいで、砂漠に川が流れる」という一節があります。この預言こそ、イスラエル建国の父、ダビッド・ベングリオンの指針となった神との契約でした。

イスラエルの砂漠を水の湧き出でる豊かな地に変える以外、イスラエルが生き残る道はないとベングリオンは言いました。そして、砂漠研究のためにベングリオン大学を設立し、ベングリオン亡き今もその意志は受け継がれ、世界の砂漠を楽園にするための研究が続けられているのです。

私の友人でベングリオン大学の砂漠学の教授は、子どもの頃、ベングリオンと話したことがあるそうです。

優秀な子どもたちを集めた席で、「君たちは将来何になりたいのだね?」と質問され、子どもたちは、科学者になりたい、事業家になりたい、政治家になりたいと次々に自分の夢を語りました。

するとベングリオンは「ネゲブ砂漠に住んで、荒野に挑もうという心意気のある子どもはいないのか!我々の未来は、砂漠に支配されるか、砂漠を支配するかだ。開拓精神を忘れてはならん!」と子ども相手に怒りを露わにしたというのです。

このとき、ベングリオンの魂が友人へと伝わったのでしょう。その強烈な記憶によって、友人は今この時にも砂漠を緑に変えるための研究を続けています。

ところで、日本とイスラエルの関係のスタートをあなたはご存じでしょうか？

日本が敗戦を迎えた6年後の1951年、「サンフランシスコ講和条約」によって日本は主権を回復しました。そして、その条約が発効した1952年、日本と最初に国交を樹立した国はなんとイスラエルだったのです。

1952年7月1日、ベングリオンは当時の日本国民に向けて「ベングリオン書簡／友情のメッセージ」という談話を発表しています。

日本国民の皆様に、共同通信を通じて、謹んで友情のメッセージをお送り申し上げます。

このたびイスラエル・日本両国政府は、外交関係成立の意向を発表しました。お互いの国の首都に、公使館が開設される日は遠くないと確信していますが、この事実は両者を隔てるものではなく、むしろ結びつけるものです。

広大なアジア大陸は両国をつなぐ連結路であり、アジアの運命についての意識は両国共通の思いです。イスラエル国民は、欧州、アジア、アフリカなど全世界から帰還してきましたが、我々のルーツおよび過去、さらに未来はアジア人にあります。人類の偉大な師は皆、アジアから出現しましたが、今や再びアジアは世界の諸国民の中にあって、ふさわしい役割を担いつつあります。

アジアの両端から両国の絆が広がりつつあることを嬉しく思います。皆様の代表がイスラエルを訪れてくださって、真の民主国家、そして離散したユダヤ民族のホームとしての国を発展させようとする努力のみならず、現在携わっている農業や産業界の様子をご覧いただいたことは、私どもの喜びとするところです。

私は再建に向かって日本民族が偉大な業をなされることを心から祈念し、それがアジア大陸の平和、発展、繁栄に寄与すると確信しています。

2014年に盟友、船井勝仁さんから知らされるまで、私もこの書簡の存在を知りませんでした。ベングリオンもアジアの両端にある日本とイスラエルが結びつくことの重要性を認識していたのです。きっと糸川英夫と同じビジョンを見ていたに違いありません。

ベングリオンは引退後、ネゲブ砂漠にあるキブツ、スデ・ボケルに移り住み、人生最後の10年をそこで過ごします。

１９７３年にベングリオンが天に還られた、その日のまま保存されている簡素な自宅には、小さな家には不釣り合いな大きさの地球儀が置かれています。

ベングリオンには、いったいどんな未来が見えていたのでしょう。

私は、このような場所に赴くたびに、預言者としての糸川英夫の直感力に驚かされます。日本とイスラエルが手をつなぐためには、どのような学びが必要なのかということが分かっておられたのでしょう。だからこそ、糸川先生の歩いた道をたどる時、私たちの中で何かが目覚めてくるのだと思えます。

イスラエルは日本から学んでいた

ガリラヤの北、テルハイに向かう観光客もほとんどありません。

この地域の指導者であり、「開拓の父」と呼ばれるヨセフ・トゥルンペルドールは、糸川英夫が最も敬愛したユダヤ人の一人です。

1880年ロシアに生まれたユダヤ人、ヨセフ・トゥルンペルドールはロシア軍の一員として日露戦争に従軍しました。最前線、旅順において勇敢に戦うも左手を失い、さらには日本軍の捕虜となってしまったのです。トゥルンペルドール、25歳の時のことでした。

大阪は高師浜《たかしのはま》に捕虜収容所があり、多いときには3万人近いロシア兵が収容されていたといいます。当時の高師浜の村の人口は3千人というから驚きです。

当時の日本は、国際法に従い捕虜たちに最大限の待遇を与えていました。この収容所では、強制労働もなく、食事も美味しく、わずかながらも小遣いまで支給されていたそうです。

日本人は、戦いが済めば、「昨日の敵は、今日の友」という武士道精神で生きていましたから、ロシア人に対しても尊敬を持って付き合いました。また、捕虜同志の宗教対立を避けるため、宗教によって建物を分ける配慮があり、500人ほどのユダヤ人たちは同じ建物で暮らすことができたのです。

1年間この収容所に暮らすうちに、トゥルンペルドールは、なぜ日本のような小さな島国があの強大なロシアに勝ったのか、その答えを見つけました。日本人は規律正しく勤勉で、互いに私欲を捨てて公のために協力する、愛国心の高い民族であったのです。

彼は、この日本と日本の精神に大いに刺激を受けました。

また、敵の捕虜に対して、これほど親切に接する民族の徳の高さに驚かされました。収容所の周辺の町には、明かりもなく夜は真っ暗になるのに、ロシア兵の収容されている宿舎には常に明かりがともっています。一つひとつの行いに、自分たちは貧しくとも、捕虜を思いやる心を感じたトゥルンペルドールは感動しました。

ある日、トゥルンペルドールが覚えたての日本語で、「どうして日本は、これほどまでに強いのですか?」と若い日本兵に質問すると、こんな答えが返ってきたといいます。

「国のために命を使うことほど名誉なことはありませんから」。

この言葉がトゥルンペルドールの生涯を決定づけたのかもしれません。彼は、その時点ではまだ存在しない本当の自らの祖国を、命をかけて求め始めます。

ロシアにおけるユダヤ人の悲惨な現状に胸を痛め、ユダヤ人は父祖の地に帰り、独立した生き方をしなければならないと信じるようになったのです。

これがトゥルンペルドールのイスラエル復興運動、シオニズムの目覚めであり、彼は大阪の収容所から世界へと発信するようになってゆきます。そして、驚くべきことに、収容されていたユダヤ人がシオニズム運動の活動をすることを、日本人は許しているのです。

トゥルンペルドールが日本人を尊敬したように、日本人もトゥルンペルドールを尊敬していたからでしょう。

後に彼は、真の愛国者についてこのように書き残しています。

ふだんは普通の人で、
いざ国が自分を必要とするなら、必要なものになろう。

教師が必要なら、教師になろう。
農夫が必要なら、農夫になろう。
医師が必要なら、医師になろう。
国家の必要に合わせて、自分が何にでもなって
最善の方法で、国に奉仕するのだ。

また、トゥルンペルドール記念館に保管されている彼の遺品の中には「新しく生まれるユダヤ国家は日本的な国家となるべきである」という言葉が記されています。
トゥルンペルドールの開拓魂に日本人の精神が影響していることは、二つの民族を結ぶ尊い絆といえましょう。

彼はロシアに戻った後、農業と法律を学び、約束の地、シオンへと向かいます。そして、ガリラヤの北部、テルハイの村に住み、片手で農業をし、開拓村を守り、広げてゆきます。アラブ人の襲撃によってその全員が命を失ったテルハイの開拓村の跡、イスラエルの建国を見ることなく、40歳という若さで帰らぬ人となったトゥルンペルドールの墓にはこう刻まれています。

「祖国のために死ぬことは、良きことかな」。

そのルーツが、日本にあったことを語る時、糸川先生の目にはいつも涙が浮かんでいたものです。

やはり、ひとりでも多くの日本人にこのことを知ってほしいと願わずにはいられません。

預言の成就に向けて

ある時、日本とイスラエルとの友好の道を築くために尽力を続ける糸川英夫を、イスラエルの大学が迎え入れようとしたことがあります。生涯の生活の保証をするから、イスラエルに永住して大学で教えてくれないかと申し入れたのです。けれど、糸川先生は「私は、日本のために命を捧げます。日本を離れるわけには参りません」と、その申し出を断りました。

レセプションの席でベングリオン大学総長は、糸川先生をまっすぐに見つめてこのように述べられました。
「イトカワはイスラエルを愛してくれる真の友である。私たちがイトカワを信じるのは、彼が祖国日本の愛国者だからだ。祖国を愛することが出来ないものに他の国を愛することなど出来ないからである」。

この時私は、うつむいてこのスピーチを聞いていた糸川先生の目から涙がこぼれ落ちるのを見ました。

日本ではイスラエルという国は危険視されており、世間は糸川英夫を変わり者扱いしていました。

自身の魂の根底に流れる愛国心を理解する人は決して多くはなかっただけに、砂漠の真ん中での魂のふれあいが嬉しく幸せだったのだと後に先生が話してくれました。

祖国日本を愛し続けた糸川英夫は、精神的荒廃の止まらぬ日本の現状を憂い、警告を発し続けました。そして、その再起のために、ユダヤの民から学ぶことを提言し多くの人々をイスラエルへと導き続けたのです。

世紀末が近づくにつれて、環境破壊が進み天変地異が重なって、人類が滅亡するといった危機説が叫ばれる中、糸川先生はいつも一貫して人類は生き延びると言い切っていました。

「すべての生物は、逆境のときだけ成長するものです。だから、人類はその存亡の危機に直面する時、それを乗り越える過程で真の喜びを発見し、人類始まって以来の繁栄を築くことができます」と断言しました。

糸川先生との最後のイスラエルの旅は、先生が80歳の時でした。

その後、脳梗塞に倒れ、二度復活するも84歳から病院で寝たきりになり、1999年2月21日、86才で天に還ってゆかれました。

「葬式はするな」と念を押されていたので、私は先生のご自宅や焼き場で、ひたすら香典や供花を断る係をしました。

「そんなものは一切必要ない。私は小さく天に還る」、そんな先生でした。

糸川先生の遺骨は小惑星探査機「はやぶさ」を打ち上げた、鹿児島は内之浦ロケット発射基地の人工衛星「おおすみ」の記念碑の横と、イスラエルはネゲブ砂漠にある、イスラエル建国の父ダビッド・ベングリオンの墓の横に埋められました。

私は先生の遺骨を抱いて仲間と共にイスラエルに飛び、ベングリオン大学に行きました。

そして、これまでの友情に感謝するとともに、「今後はこのようなツアーはできないだろうが、「日本とイスラエルが手をつなぎ世界が平安へと導かれる」という糸川英夫の預言の成就を願う」と、必死で暗記したヘブライ語でスピーチしました。

すると、あの時の大学総長が走り寄って私をきつく抱きしめ、泣き出しそうな顔をして言いました。

「イスラエルの研究施設を支えるのは、世界中のユダヤ人だ。しかし、日本にはユダヤ人がいない。

その日本で、イトカワが私たちを精神的に支えてくれた。これがどんなに我々にとって救いであり、慰めであるかお前にはわかるか。どれほど誇らしいことかわかるか。

だからアカツカ、お前はこれからもイスラエルに来なければならない」。

総長のヘブライ語と重なるように、突然、先生の声が聞こえた気がしました。

「あなた、イスラエルに行きなさい」。

断る理由は、もう探せそうにもありませんでした。

こうして、私はその後も一生のライフワークとして、イスラエルツアーを続けてゆくことになりました。

私がガイドするイスラエルは、他のどんなツアーとも違っています。目には見えませんが、真の愛国者であった、糸川英夫が同行する旅なのです。

「地球上には人間が60億以上いるといわれますが、私は、人類は60億で一つの生き物だと考えています。

一人ひとりが、人類という生き物の細胞の一つとして、大きな繋がりの中で生かされていることに気付くときに、人は命の意味を知るのでしょう。

すなわち命とは、自分のために使うのではなく、人のために使うときにこそすべてがうまくゆくようです」。


自分の命より大切な人の命。

糸川英夫は、それを貫き通して生きました。

私たちが等しく与えられた宝物は、お金ではなく、人の役に立つ独創力であると叫び、実践し続けた行動の人でした。


その糸川が人生の最後に見た「イスラエルという国こそが、日本が手をつなぎあうべき国であり、日本とイスラエルが手をつなぐことで世界は平安に導かれてゆく」というたしかなビジョンは、成就すべき大いなる預言となって今もなお私の中に息づいています。

第3章

日本人の心で読む聖書

ユダヤ人に寄り添って聖書を読む

ユダヤの人たちの秘密を知るために、最も有力な手がかりとなるのが「聖書」です。

第1章で紹介したモーセの物語からも伝わるように、壮大なる神話の数々から、4000年前のユダヤの人々の暮らしや生き様、思いや夢まで、さまざまな事柄が見えてくるのです。

4000年前の人々も、今の私たちと同じように、日々の暮らしの中で喜怒哀楽をあらわし、苦しみや悲しみを乗り越えて、精一杯生きていたのですね。

そのような視点で見るとき、聖書とは「命の証の書物」とも言えるでしょう。

人は、今の自分の周りの環境という、横の糸だけで生きているわけではありません。過去の祖先から、未来の子孫へとつながる縦の糸があって今がある。

横の糸と、縦の糸が交わったところが「いま、ここ、自分」です。

聖書を読み、ユダヤの歴史に触れることで見えてくるのは彼らの縦の糸です。糸川先生に導かれながら聖書の世界を歩いているうちに、私にも少しずつユダヤ民族の心が分かるようになってきました。

たとえば、私たち日本人にとって「水」は当たり前にあるものです。雨は当たり前のように降るし、川はどの町にも流れています。嫌なことがあっても「水に流す」ことができますし、無制限に使うことを「湯水のように」と表現したりします。ところが、砂漠の民にとっては「水」は命そのものであり、一滴たりとも無駄にしてはならないものなのです。

私たちの国では、「空が一面にわかに掻き曇り」というと、何か不吉な予感がするものですが、イスラエルでは吉兆です。

同じ天候の現象でも、その意味するところ、とらえ方、感じ方はまったく違うのです。

日本人とユダヤ人はまったく正反対と言ってもよいほど考え方の違う民族です。

だから、その秘密を知ろうと聖書を紐解いたところで、日本人の感覚や考え方のままでは理解することはできないでしょう。

知りたいのなら、ユダヤ人の心に寄り添わなければなりません。

ここまで読み進めてこられたあなたなら、きっとそれができるはずです。

また、聖書を書いた人は、一人ではありません。多くの預言者たちが、天からのメッセージを受け止め、霊感でそれを言葉に変え、書き記したものです。

時代を超えてそれらのメッセージを読み解くためには、書かれた時代背景や預言者たちそれぞれの人生、そして彼らが何より大切にしたユダヤの掟や律法を知る必要があります。

糸川先生が天へと還られてから、今度は自らの意志でイスラエルを旅し、そこに吹く風を感じながら聖書を学び続けるうちに、私の中で大きな変化が起こりました。

「私が聖書を読んでいる」という感覚から、「聖書が私に語りかけてくる」感覚へとシフトしていったのです。そして、聖書を書いた預言者たちは、何か目に見えない大きな力によって「書かされた」のだということも分かるようになりました。

いったいどんな存在が、何の目的で書かせたのか？


聖書を読むことは、その答えを探す旅でもあるのでしょう。

ユダヤ教やキリスト教に馴染めなくても、聖書を深く読むことはできます。

私自身、ユダヤ教徒でもキリスト教徒でもありませんが、むしろそのほうが本当の意味で聖書を読むことができるようです。


それぞれの考え方や感覚の違いを理解し、受け容れ、寄り添うことができるのが、日本民族のもっとも優れた特長だと言えるでしょう。

私は、この日本人らしい読み方でこそ、聖書を書いた人々が伝えたかった本当のメッセージにたどり着けるのだということに気づきました。


そして、考え方や感覚の違いを取り払った時、日本とユダヤとは元来とても近しい、まるで兄弟のような存在であるということも分かるようになりました。

私たちの国、日本はアジアの東の端ですが、イスラエルはアジアの西の端、つまり同じアジアの民族です。きっと糸川先生も、このことが分かっておられたのでしょう。

聖書の教えを宗教という範疇《はんちゅう》に押し込まず、もっと大きく、もっとたおやかに人生に迎え入れたいと感じます。従来の解説や解釈から離れて、私たちの「いまここ」に引き寄せて聖書を読むとき、全く違う情景がそこに立ち現れてくるのです。

日本人だからこそ読み解ける聖書の世界を、ご一緒に味わってゆきましょう。

唯一絶対の神による天地創造

聖書の最初を飾る「創世記」は、壮大な天地創造の場面から始まります。

はじめに神は天と地とを創造された。
地は形なく、むなしく、やみが淵のおもてにあり、
神の霊が水のおもてをおおっていた。
神は「光あれ」と言われた。
すると光があった。

神はその光を見て、良しとされた。

神はその光とやみとを分けられた。

神は光を昼と名づけ、やみを夜と名づけられた。

夕となり、また朝となった。第一日である。

（創世記１－１～５）


「はじめに神は天と地を創造された」という一文は、あまりにも有名ですね。

この一文から分かるとおり、聖書では天と地は唯一絶対の神が創ったということになります。

ユダヤ教も、キリスト教も、イスラム教もそれぞれの唯一絶対の神こそが正しいと信じ、永遠に主張します。それゆえ、彼らが和することはありません。

第１日目に光と闇が分けられた後、２日目に大空の下の水と大空の上の水が分けられます。３日目には陸と海が生まれ、４日目に太陽と月、星が出来、５日目に生き物がつくられます。

そして６日目、ついに人が生まれ、すべての創造の業《わざ》を終えた７日目に神は休まれました。

ここから、一週間は7日となり、「神の休息の日に人間が働くのは神に対する冒涜である」ということから、安息日が定められました。

第2章でもお話ししたとおり、ユダヤ教では、金曜の日没から土曜の日没までを安息日（シャバット）と呼び、働いてはならないことになっています。

また、一日の始まりは聖書にあるとおり「夕」からです。実はクリスマスイブを24日の夜にするのも、一日の始まりが日没からというユダヤ教のなごりなのです。

ユダヤ教を根っことして生まれたキリスト教ですが、彼らは安息日を日曜日としました。だから、休日のことをHoliday（Holy Day：聖日）と言います。また、イエス・キリストの後700年経って現れたイスラム教では、安息日を金曜日に定めました。

ちなみに、日本では明治以降、キリスト教国の慣習に合わせる必要に迫られ、一週間を7日とし日曜日を休みとしました。

それまでは、日本人の休日は盆と正月くらいのものでした。本来日本人にとって、働

くこととは「傍（はた）を楽にすること」、すなわち傍にいる大切な人に喜んでもらうという幸せに満ちた行為です。

ところが、聖書の世界では、働くことはとても苦しいことであり、残念ながらいままでは日本でも、そちらの考え方が主流となりつつあるようです。

この違いはいったい、どこからくるものなのか……。

その答えも、やがて聖書から導き出されることになります。

この世界は人間のために創られた

このようにして、神は天地創造を6日で為し、7日目に休まれたというのが創世記第1章の始まりなのですが、神は5日目までの創造の業を終えられるたびに「良し」と言っています。

ところが、6日目を読んでみると、すこし違っていることに気づきます。

神はまた言われた、「われわれのかたちに、われわれにかたどって人を造り、これに海の魚と、空の鳥と、家畜と、地のすべての獣と、地のすべての這うものとを治めさせよう」。

神は自分のかたちに人を創造された。すなわち、神のかたちに創造し、男と女とに創造された。

神は彼らを祝福して言われた、「生めよ、ふえよ、地に満ちよ、地を従わせよ。また海の魚と、空の鳥と、地に動くすべての生き物とを治めよ」。

神はまた言われた、「わたしは全地のおもてにある種をもつすべての草と、種のある実を結ぶすべての木とをあなたがたに与える。これはあなたがたの食物となるであろう。また地のすべての獣、空のすべての鳥、地に這うすべてのもの、すなわち命あるものには、食物としてすべての青草を与える」。そのようになった。

神が造ったすべての物を見られたところ、それは、はなはだ良かった。夕となり、また朝となった。第六日である。

（創世記1－26〜31）

ここで神は、「はなはだ良かった」と言っています。

５日目までの「良い」とは明らかに違います。それまでは「神のかたち」の人を創造するまでの準備だった。つまり、「宇宙は人間のために創られた」と読むことができるのです。人間はまだ創造されていないのに、「家畜」が先に造られているのも人間のためです。

神はなぜ人間を創ったのか……。

神は人を「神のかたち」に創造されました。

「神のかたち」というと、杖をついている白ひげのお爺さんの姿を想像してしまうかもしれませんが、そもそも神にかたちはありません。神とは大いなる光であり、実体のないものなのです。

「神のかたちに創造された」というのは、神と同じ「創造する力」を与えられたということです。

神による６日間の天地創造は、「神は言われた。するとそのようになった」という繰り返しによって世界が創り上げられてゆきます。

つまり、森羅万象は神の言葉であるということなのです。

言葉にすることが現実になる。

それがこの3次元現象界の掟です。

すべての生物の中で、人だけが「神のかたち」に創造されました。

「神のかたち」すなわち、「言葉にすることが現実になる」力をもったのです。

しかも、人には自由意志が与えられました。

もしかすると、神は全知全能であり唯一絶対であるがゆえに、あまりにも退屈だったのかもしれません。神ですら予想のつかない存在として創られたのが、自由意志をもった私たち人間だったのです。

神道では、私たちは「分け御霊《みたま》」と呼ばれている霊を神様から分けていただいていると教えます。肉体には期限がありますが、御霊は始まりなき始まりから、終わりなき終わりへと続く永遠の生命の光なのです。

「神のかたち」に創造されたもの、すなわち「みたま」こそが私たちの本質である……。ヤマトの先祖たちが伝えてくれている教えは、まさに創世記と同じです。

主なる神は土のちりで人を造り、命の息をその鼻に吹きいれられた。
そこで人は生きた者となった。
（創世記２－７）

「命の息」とは、まさに「分け御霊」のことでしょう。大いなる命の根源のエネルギーである創造主は、肉体という神の宿る宮を造り、そこに創造主の「分け御霊」を注ぎ込んだ。こうして人間は神が宿る聖なる霊的な存在となったと、読み解くことができます。

ところで、ずいぶん長く聖書を読んできて、私は最近まで創世記のこの個所の秘密に気づくことができませんでした。それは「われわれの」という一言です。

聖書の創造の神は、唯一絶対の神。その神が、「われわれのかたちに、われわれにかたどって人を造り」と言っています。そうです、神が「われわれ」と呼ぶほどの仲間、つまり、協力者でありパートナーが天地創造を手伝っていたのです。

それはおそらく「天使」と呼ばれる存在です。

神が実働部隊として地上に派遣した天使は、ミカエル、ガブリエル、そしてルシエルの3大天使です。「エル」というのは神を表す称号です。聖地「エルサレム」は、「神の（エル）平安（シャローム）」という意味であり、その「エル」の称号を持つ天使たちが天地創造以来、地上での神の働き手として活躍するのです。

ガブリエルは神の意志を伝達するという役目を持っているようです。聖母マリヤの前に現れて、キリストを受胎したことを告げる「受胎告知」で有名ですね。

ミカエルは、ダニエル書においてイスラエルの守護天使として登場します。「神の偉大な戦士」とも言われます。

ところが、ルシエルは聖書の中に名前がありません。

ルシエルの存在は、聖書の中から消し去られてしまったのでしょうか。

いいえ、私は創世記とイザヤ書の中にルシエルを発見しました。

へびの正体と失楽園

このようにして創られた人間の最初の関係は男と女、つまり「夫婦」です。

世界平和を叫んだり、地球環境を語ることは誰にでもできます。しかし、良き夫婦関係を育むことは、それらの実現よりもずっと難しいことです。

夫婦という関係性において、神を宿す生き方をすることが私たちのこの世の学びであり、相手を通して自分に出会い、二人が一つになって分離が終わり、神と出会ってゆくのです。

エデンの園で最初の男女であるアダムとイブが結び合い、一体となり、そこから新しいものが創造される。

男女が一体となるまぐわいは尊く、重要な要因です。
そこで神は、人間の養育係である大天使ルシエルに、「時が来たら正しくまぐわいができるように指導せよ」と指令を出しました。

さて主なる神が造られた野の生き物のうちで、へびが最も狡猾であった。
へびは女に言った、「園にあるどの木からも取って食べるなと、ほんとうに神が言われたのですか」。
（創世記３－１）

聖書の中で、動物が口をきく場面は、実はエデンの園のへび以外一度もありません。
聖書はおとぎ話ではなく、先祖が子孫に真実を伝えるために、言葉という道具を使って精一杯語る神の物語です。その大切な場面で、へびがイブと話すとは……。

これはへびではありません。

大天使ルシエルは、人間の教育係でした。

イブと話しているのは、へびではなくルシエルです。

イブが言葉を使っているということは、ルシエルが教えたのです。

創世記のエデンの園で、へびと書かれているのは隠された大天使ルシエルであり、単に木の実を食べたという話ではないのです。


女がその木を見ると、それは食べるに良く、目には美しく、賢くなるには好ましいと思われたから、その実を取って食べ、また共にいた夫にも与えたので、彼も食べた。するとふたりの目が開け、自分たちの裸であることがわかったので、いちじくの葉をつづり合わせて、腰に巻いた。

（創世記3－6・7）


イブが食べた美しい果実とは、ルシエルのことです。

イブはルシエルを食べた。すなわち、ルシエルはイブとまぐわったのです。

そしてその後、イブからアダムを誘い、まぐわいをしたのではないでしょうか。

もしも、何かを食べて、それを「いけない！」と思ったなら口を隠すはずです。性器を隠したということは、口から何かを食べたのではなく間違ったまぐわいをしてしまったということです。

なぜ、そんなことが分かったのかというと、実はこのことは、日本の神道でも語られていることだからです。

古事記のイザナギとイザナミも間違いを犯し、女が男を誘ってまぐわったところ、不具の子ヒルコが生まれたとあります。この時ヤマトの先祖は神に詫びてやりなおし、正しい道を歩みました。しかし、アダムとイブは言い訳ばかりをして、詫びることをしませんでした。それゆえ、聖書の世界は大きくズレてしまったのです。

神の命令によってのみ生きる天使であるルシエルは、神に愛され自由意志まで与えられた人間の男女に嫉妬していたのではないでしょうか。「嫉妬」という感情が天使を狂わせてしまったのです。

大天使ルシエルは、「エル」という称号を取り上げられ、「ルシファー」という堕天使となりました。イザヤ書14章に「黎明の子、明けの明星よ、あなたは天から落ちてしまった」とある、この「明けの明星」と呼ばれるのが、ルシファーです。

荒野での40日の断食のあとのイエスに誘惑と試しを仕掛けたり、イエスが十字架に架かるまで、ずっと付け狙った「サタン」と呼ばれる存在もルシファーでしょう。

一方アダムとイブは、悔い改めてやり直すこともせぬままエデンの園を追放されます。これが「失楽園」です。

女は罰として、産みの苦しみが与えられ、男には労働の苦しみが与えられました。働くことが苦しみであるという考え方は、ここから始まったのですね。

人間は生まれながらに罪を背負っているという「原罪」の思想も、ここから生まれています。本来美しく尊いエネルギーの交流である男女のまぐわいも、汚れたものとされてしまいました。

神は、男と女という異質なものの組み合わせで新しいものを生み出し、神の国を地上に実現しようとしました。男と女が交わって新しき世界を生み出すことを、天使たちも協力して創り出すはずだったのです。

人類最初の死亡原因は殺人だった

エデンの園を追放されたアダムとイブは、カインとアベルという二人の男の子をもうけます。彼らは初めて夫婦のまぐわいによって生まれた人間です。

神は、最初の人間であるこの兄弟を試します。

日がたって、カインは地の産物を持ってきて、主に供え物とした。アベルもまた、その群れのういごと肥えたものとを持ってきた。

主はアベルとその供え物とを顧みられた。しかし、カインとその供え物とは顧みられなかったので、カインは大いに憤って、顔を伏せた。

（創世記4－3〜5）

カインとアベルの供え物のうち、アベルのものだけを神が顧みたことで、兄のカインは怒り狂います。

この兄弟げんかも原因は「嫉妬」です。この嫉妬を克服し、兄がプライドを捨てて、神に顧みられた弟を賛美し、和解をすれば新しき世界、神の国の建設は復活したに違いありません。ところが、神の試練に耐えられなかった兄のカインは、嫉妬の感情に支配され、なんと弟アベルを殺してしまいます。

人類最初の死亡原因は、殺人、しかも兄による弟殺しです。

神の前を去ったカインの末裔は、地に増えてゆきます。

神が人に与えた自由意志が暴走を始め、「人の悪が地にはびこる」のを見た神は、ついに世界に介入し、大洪水を起こして地上をクリーニングすることになります。

有名な「ノアの箱舟」の物語です。

見えない洪水とノアの箱舟

人が地のおもてにふえ始めて、娘たちが彼らに生まれた時、神の子たちは人の娘の美しいのを見て、自分の好む者を妻にめとった。

そこで主は言われた、「わたしの霊はながく人の中にとどまらない。彼は肉にすぎないのだ。しかし、彼の年は１２０年だろう」。

（創世記６－１〜３）

「人生１２０年時代」というのは最近よく聞かれるようになった話のはずが、なんと人間の寿命は１２０年であると、主なる神の言葉としてすでに創世記に書かれているのですから驚きです。

それにしても人間は、悠久の歴史の中で、永くても１２０年という期間限定で地上を生きる存在でありながら、我が物顔で地上を支配し、地球を汚し、お互いを攻撃しあい、すっかり創造主のことを忘れてしまいました。

そんなふうに言うと、まさに現代を生きる私たちのことのようですが、それは創世記の時代から同じであったようです。
だからこそ、私たちはこの神話を宗教上の物語としてではなく、実践の書として学ばなければならないのです。

神はついに、生かされていることの感謝を忘れて暴走する人間を、すべての創造物とともに洪水で流し去ることを計画しました。

主は人の悪が地にはびこり、すべてその心に思いはかることが、いつも悪いことばかりであるのを見られた。
主は地の上に人を造ったのを悔いて、心を痛め、「わたしが創造した人を地のおもてからぬぐい去ろう。人も獣も、這うものも、空の鳥までも。わたしは、これらを造ったことを悔いる」と言われた。
しかし、ノアは主の前に恵みを得た。

（中略）

そこで神はノアに言われた、「わたしはすべての人を絶やそうと決心した。彼らは地を暴虐で満たしたから、わたしは彼らを地とともに滅ぼそう。

あなたは、いとすぎの木で箱舟を造り、箱舟の中にへやを設け、アスファルトでそのうちそとを塗りなさい。

（中略）

わたしは地の上に洪水を送って、命の息のある肉なるものを、みな天の下から滅ぼし去る。地にあるものは、みな死に絶えるであろう。ただし、わたしはあなたと契約を結ぼう。あなたは子らと、妻と、子らの妻たちと共に箱舟に入りなさい。

（中略）

またすべての生き物、すべての肉なるものの中から、それぞれ二つずつを箱舟に入れて、あなたとともにその命を保たせなさい。それらは雄と雌でなければならない」。

ノアはすべて神の命じられたようにした。

（創世記６‐５〜22）

ノアが神の声を聞いたのは、川でもなければ海でもなく、またどこか特別な場所でもなく、日常の暮らしをする「現場」でした。

そこで船を造り始めたのです。

当たり前の日常の中で神の声を聞き、その声に従い、すべて命じられたようにしたのです。

人の声のみを聞いている人々は、日々の暮らしに忙しく、過去を悔やみ、未来を憂いて、この世のことで精いっぱいだったことでしょう。

そんな中、突然日々の暮らしを放棄して、巨大な船を造り始めたノア。しかもその船は、エンジン（推進する装置）も舵も窓もない、まさにただの「浮かぶ箱」でした。

その様子を見た人々の大半は、無関心か、関心を持ったとしても好奇の目を向け、嘲《あざけ》る思いを持ったのではないでしょうか。

人からどう思われるかばかりを気にして生きていると、世間体が何よりも大事になってしまいます。そのように「自分を生きること」を放棄するとき、その人は、神が与えた命を生きていないことになります。

この世の肉の命は永くて１２０年という期限のあるものですが、神が与えた命、すなわち本来の命は生き通しのものであり、死ぬことはありません。

ノアはその命を生きることで神の声を聞き、まわりから何を言われようと「神が命じられたとおりにした」のです。

そして、ついに洪水がおこります。

当たり前のように昨日と同じ明日が来ると信じて生きてきた人々にとっては、突然襲いかかってきた想定外の出来事ということになるのでしょう。

長らく続いてきた、これまでの価値観を信じて、人と同じように生きていさえすればよいというルールはあっさりと覆されてしまいました。すべての予定や計画がなくなるどころか、生殺与奪《せいさつよだつ》の権を他者に預けていた人々は、生きてゆく術すらも見出すことができません。

まさかと思っていたノアの箱舟……、実はそれこそが本当のことだったのです。

洪水は四十日のあいだ地上にあった。水が増して箱舟を浮かべたので、箱舟は地から高く上がった。

また水がみなぎり、地に増したので、箱舟は水のおもてに漂った。

水はまた、ますます地にみなぎり、天の下の高い山々はみなおおわれた。

水はその上、さらに十五キュビトみなぎって、山々は全くおおわれた。

地の上に動くすべて肉なるものは、鳥も家畜も獣も、地に群がるすべての這うものも、すべての人もみな滅びた。

すなわち鼻に命の息のあるすべてのもの、陸にいたすべてのものは死んだ。

地のおもてにいたすべての生き物は、人も家畜も、這うものも、空の鳥もみな地からぬぐい去られて、ただノアと、彼と共に箱舟にいたものだけが残った。

水は百五十日のあいだ地上にみなぎった。


（創世記７－17～24）


洪水が来てすべてが沈みました。

すべての生きとし生けるものが滅びました。

ところが、水かさが増せば増すほど箱舟は高く上がったとあります。どんな洪水が起きようとも、箱舟があれば沈むことはないのです。

箱舟は七月十七日にアララト山にとどまった。

ノアが箱舟のおおいを取り除いて見ると、土のおもては、かわいていた。

（中略）

二月二十七日になって、地は全く乾いた。

（中略）

ノアは共にいた子らと、妻と、子らの妻たちとを連れて出た。

またすべての獣、すべての這うもの、すべての鳥、すべて地の上に動くものは皆、種類にしたがって箱舟を出た。

ノアは主に祭壇を築いて、すべての清い獣と、すべての清い鳥とのうちからとって、燔祭《はんさい》を祭壇の上にささげた。

主はその香ばしいかおりをかいで、心に言われた、「わたしはもはや二度と人のゆえに地をのろわない。

人が心に思い図ることは、幼い時から悪いからである。

わたしは、このたびしたように、もう二度とすべての生きたものを滅ぼさない」。

（創世記8－4～21）

「新型コロナウイルス」による騒動は、まるで地球全体に襲いかかる見えない洪水のようです。

突然起こったことのようにも思えますが、実はずっと以前から地球は私たちに警告を発してくれていたのではないでしょうか。このままでは、やがて人類が持続可能な世界は崩壊すると……。

二度と地を呪わない、再び大洪水で人類を滅ぼさないと神は約束されましたが、利己的な考え方による行き過ぎた科学文明で人類は自ら崩壊しようとしています。

しかし、問題が起きているのは外側ではないということに、私たちは気づかなければなりません。私たちはいま、適応することにほぼ全てのエネルギーを注いでいますが、それは今問われている最重要の課題ではないのです。

大きな変化の後、もう元の時代に戻ることはないでしょう。

私たちに求められているのは、私たち自身の「変容」なのです。

それは決して難しいことではなく、神の声に耳を傾け、本来あるべき自分の命を生きることです。

ノアの聞いた神の声はどのようなものであったのか、私たち一人ひとりの魂が神の分け御霊であることを認識している私たち日本人には、その真実が分かるはずです。そして、その自分という魂の船こそが一人ひとりの「神の宮」であり、「箱舟」だと、私は思うのです。

ところで、ノアの箱舟がアララト山に止まったとされる7月17日、アジアの西の端イスラエルでは「シオン祭り」の巡行が行われますが、アジアの東の端日本では京都の「祇園《ギオン》祭り」で山鉾の巡行が行われます。

イスラエルの都はエルサレムと名付けられています。

日本語に訳すと、平安の都、つまり「平安京」です。

祇園祭りの鉾に架けられている飾りの中には、旧約聖書の場面を描いたものもあります。

人類はこれまで発展、拡大、成長、進歩こそ正義だと信じて、文明を築いては滅びるという歴史を繰り返してきました。しかし今、4000年の聖書の時代が幕を下ろし、まったく新しい文明が幕開けのときを迎えています。

人類の進化の頂点を生きる私たちにとって、いま起きていることは新しい時代を創り、生きていくための自らの箱舟の構築なのです。

イエス・キリストへと繋がる信仰

「アブラハム」という人物のことは知らなくても、「アブラハムの子」という童謡を歌ったり、踊ったりしたことはある人は多いのではないでしょうか？

アメリカ合衆国第16代大統領アブラハム・リンカーンをはじめ、多くの人々の名前にもなっていますね。

実は、大洪水で世界中が一掃されたあと、唯一生き残ったノアの家族から数えて10代目となるのがアブラハムという人物です。

アブラハムはヘブライ語で「多数の父」という意味です。ユダヤ教・キリスト教・イスラム教を信仰する人々の始祖とされ、「信仰の父」とも呼ばれています。アブラハムに神が無条件で与えた契約から彼らの信仰が始まりました。

人類の諸民族の中から、特別な役割を与えられたのがユダヤ民族であると聖書は伝えます。その役割とは、正義と道徳の源である全知全能の創造主の摂理によって生み出されたこの宇宙のことを書き記し、それを諸民族と分かち合うことと言ってよいでしょうか。

ちなみに、あらゆる神話の中で、その冒頭で宇宙創造について述べられているのは「旧約聖書」と「古事記」です。

さて、アブラハムがまだユーフラテス川沿岸の商業都市ハランに住んでいた時のこと、突然神から声をかけられます。

そして、神に言われたとおりに神の示す地を目指して国を出たのは75歳のときでした。大都市であったハランを離れ、妻サラと甥のロト、従者らを連れて約束の地カナンを目指します。

この時、アブラハムはどんな気持ちだったのでしょうか。

アブラハムは大都市ハランで豊かな暮らしをしていました。しかし、物質的に恵まれると精神は荒廃し、神の声が聞こえなくなってゆきます。

「この世の富など捨てて、荒野に挑め！」と神はアブラハムに迫り、アブラハムは神の声に聞き従いました。どこに向かうのかも、なぜ向かうのかもわからない。しかし、命じられるままに歩く。これが「召命（神の恵みによって神に呼び出されること）」と言われるものであり、信仰の一歩だったのです。

さらに、アブラハム百歳、妻のサラ九十歳のとき、神に祝福された子供が生まれるという神の声を聞きます。老人になり閉経していたサラは、いくら神のメッセージとはいえ、あり得ないことだと心の中で笑います。

すると、「なぜ老人だから子供を産むことができようかと言って笑ったのか。主にとって不可能なことがあろうか」と神から咎《とが》められます。そして子供の名はヘブライ語で「笑う」という意味である「イッアク（イサク）」と名づけられたのでした。

ところが、大変な試練が起こります。

神は言われた、「あなたの子、あなたの愛するひとり子イサクを連れてモリヤの地に行き、私が示す山で彼を燔祭として捧げなさい」。

アブラハムは朝はやく起きて、ろばにくらを置き、ふたりの若者と、その子イサクとを連れ、また燔祭のたきぎを割り、立って神が示されたところに出かけた。

三日目に、アブラハムは目をあげて、はるかにその場所を見た。

（創世記22－2〜4）


アブラハムは神から、愛する我が子イサクを生贄として捧げよと命じられたのです。神の声のとおりにイサクを祭壇に載せ、まさに刃物で殺そうとしたとき、神は子どもに手をかけてはならないとアブラハムを制止します。主の使いはこう言います。


あなたがこの事をし、あなたのひとり子をも惜しまなかったので、私は大いにあなたを祝福し、大いにあなたの子孫をふやして、天の星のように、浜辺の砂のようにする。

（創世記22－16・17）


アブラハムが周囲を見回したところ、茂みに角を絡ませた雄羊がいたので、彼はそれをイサクの代わりに神に捧げました。

後にイサクは、イスラエル12部族の族長となってゆきます。

ユダヤ民族が選ばれた民であるという「選民思想」はここから始まりました。


イサクを捧げた燔祭の岩はユダヤ民族の聖なる場所ですが、イスラム教ではムハンマドが大天使ガブリエルと共に天に昇ったのも同じ場所だとされています。このため、今はイスラム教の聖地として黄金のドームのモスクが建てられ、イスラム教徒以外は入ることが許されていません。

アブラハムはイサクの前に、女奴隷ハガルとの間にイシュマエルをもうけていますが、そのイシュマエルはアラブ人の先祖であり、このことからイスラム教の始まりもアブラハムになるのです。


アブラハムに率いられて約束の地カナンにしばらく留まっていたユダヤ人ですが、その後飢饉が続いたため当時豊かであった隣の国エジプトに移住しました。エジプトには数奇な運命を背負ったユダヤ人ヨセフが支配者として君臨していたのです。

はじめのうちはよかったのですが、やがて隣国から流れ着いたユダヤ人に対してエジプト人が差別を始めます。奴隷としてピラミッド建設や大規模治水工事などの大変な仕事を押しつけられることにとうとう耐えきれなくなったユダヤ人たちは、モーセをリーダーにエジプト脱出を試みます。

これが糸川先生から学んだ、今から約3千年以上前の「出エジプト」と言われるものです。

また、キリスト教の経典として読まれる新約聖書は、27の物語からできているのですが、その始まりとなる「マタイによる福音書」の第一章はこのように始まります。

アブラハムの子であるダビデの子、イエス・キリストの系図。
アブラハムはイサクの父であり、イサクはヤコブの父、ヤコブはユダとその兄弟たちとの父……

（マタイによる福音書1－1・2）

こうしてアブラハムの揺るぎない信仰から、ユダヤ民族の選民思想、そしてイエス・

キリストに繋がる男系の系譜が始まったのです。

「旧約」と「新約」

糸川先生は、日本テクニオン協会をはじめ、日本ベングリオン大学フレンズなど、日本とイスラエルを結ぶ友好のための５つの協会の代表をしていました。

糸川英夫亡き後、私が後を継いだのですが、契約書はありませんでした。イスラエル側と糸川先生との間にあったのは「口約束」だったのです。


ユダヤ社会は非常に厳しい契約社会です。

ユダヤの世界でも日本と同様に、相手に対して起こりうる状況を想定して書き出し、契約書を作成して、了解の上で調印します。

でも、その内容は私たち日本人には考えられないようなものもあり、たとえば結婚式で、あらかじめ離婚の際の条件を決めておき、サインするのもユダヤ人くらいでしょうか。

そんなユダヤ民族の中で、最高の契約が「口約束」なのです。

日本人にとっては、口約束では信じられないので契約書として文書に残すのですが、ユダヤの世界における最高の契約は口約束であり、その約束を破ったら死に値するというくらい重いものです。

ところで、ユダヤの世界では契約することを「契約を切る」と言います。日本では、契約が終わるように思えますが全く反対です。

私たち日本人は「契約を結ぶ」と言いますね。状況によって、契約は変更したり失効したりすることもあります。

アブラハムの時代の契約は、家畜を引き裂いて、当事者がその間を通ることで成立となりました。これは、もしも約束を破ったらこの家畜のように引き裂かれても構わない、血を流し、命を奪われても構わないという意思表明です。

だから「契約を切る」というのです。

ユダヤの世界では、一度成立した契約は命をかけてまもり、絶対に破らないというのが掟です。

聖書の神はアブラハムを選び出し、契約を切ります。

主はアブラムに言われた、「あなたは、あなたの生まれ故郷、あなたの父の家を出て、わたしが示す地へ行きなさい。
そうすれば、わたしはあなたを大いなる国民とし、あなたを祝福し、あなたの名を大いなるものとしよう。あなたの名は祝福となる。
あなたを祝福するものをわたしは祝福し、あなたをのろうものをわたしはのろう」。
（創世記12－1～3）

神とアブラハムの契約も、口約束なのです。

この「契約」こそが聖書に貫かれる背骨であり、これがわかったとき聖書全体が見えてきます。そして、私たち日本人と決定的に違うのが、この神との関係性なのです。

アブラハムに無条件に与えられた契約、一切の見返りを求めない神の一方的な恵み、それを知るところに旧約聖書の真髄があります。

なぜ神がアブラハムを選び、彼と契約したのかはわかりません。

神のお考えは、人間にはわからないものです。

それは、人間が創造主である神によって造られたものだからです。

陶器は陶芸家によって造られたものです。

陶芸家は陶器のことを知っていますが、陶器は陶芸家のことを知ることはできません。

でも間違いなく、神はアブラハムを選んだのです。

いと小さき個人を選び、彼がユダヤ人の父祖となるのです。

そして、神とアブラハムとの契約が信仰の始まりとなり、ここからユダヤ民族が生まれ、契約を基とする宗教、ユダヤ教が生まれます。

母親がユダヤ教徒であることが定義となるユダヤ人は、人種というよりも宗教集団と言って良いかもしれません。


しかし、ユダヤの人々は、全知全能の神と罪に汚れた人間が、対等に契約を結べるはずがないと考えます。聖書の戒めは613もの律法となり、ユダヤ教は律法を守ることで神との契約に入れられるという厳しい宗教へと進化してゆきます。

人々が律法を守るように監視し、裁く存在である宗教家も現れました。

とはいえ、律法の全てを守りきることなどとてもできませんから、人々は罪を犯したときには断食をし生贄を神に捧げます。


2017年9月30日、私はイスラエルのテルアビブで初めてヨム・キプール（贖罪《しょくざい》の日）を体験しました。

どんな意味の祝日なのか、旧約聖書「レビ記」に詳しく定められています。


贖罪の日、あなたがたのための聖なる会合となる。

あなたがたは身を戒めて、火によるささげものを主にささげなければならない。その日のうちは、一切仕事をしてはならない。

その日は贖罪の日であり、あなたがたの神、主の前で、あなたがたの贖《あがな》いがなされるからである。

その日に身を戒めない者はだれでも、その民から断ち切られる。

その日のうちに仕事を少しでもする者はだれでも、わたしはその者を、彼の民の間から滅ぼす。

どんな仕事もしてはならない。

これは、あなたがたがどこに住んでいても、代々守るべき永遠のおきてである。

（レビ記23－27～31）

ユダヤの断食です。一年の間に蓄積された罪を思い出し、悔い改める祈りの日です。

3000年以上前に定められた贖罪の日が守られ、すべての店は休み、タクシーも走りません。

かつてこの日には、アブラハムの息子イサクに代わってイスラエルの民の罪を背負わされた「身がわりの山羊」が屠《ほふ》られました。「スケープゴート」という言葉はここからきています。

律法が、守らなければならない神との契約であることは間違いありません。

しかし、人は過ちを犯します。

罪を犯します。

アダムとイブから始まってアブラハムもモーセも過ちを犯した様子が赤裸々に描かれています。人は、正しく生きようとして正しく生きることができないものであるということを、聖書は教えます。

律法とは本来、神の子供である人間の成長を促す躾であり、見守る養育係なのです。

ところが、律法でがんじがらめにされているような宗教が苦しくなり、やがて魂の解放を願う声がユダヤの民から上がってくるようになります。

そして、律法を守れば神の平安に入れるという旧い契約「旧約」から、いつか神が地上に遣わす救い主、ヘブライ語ではメシア、ギリシャ語ではキリストを信じれば良いという新しい契約「新約」に入ってゆくのです。

神は、すべての人の罪を背負う救い主をこの世に遣わし、その救い主とつながることによって神の子とされる新しい契約を切ってくださったというのが、キリスト教の教えであり、新しい契約の世界です。

その救い主こそ、2021年前のイスラエルに生まれ、30歳から3年間、神の国を説いた「ヨシュア・ベン・ヨセフ」。

後にギリシャ語で「イエス」と呼ばれるようになった一人のユダヤ人です。

わずか3年だけ伝道し、旧約聖書にある預言のとおりに十字架で殺されたヨシュアこそ救い主であるという意味で、彼はイエス・キリストと呼ばれるようになりました。

もはや、ユダヤ人も異邦人も、自由人も奴隷も、男も女もなく、キリストによって一つなるという新しい契約が始まりました。

その新しい契約が書き記されたものを「新約聖書」と呼ぶのです。

ちなみにユダヤ教では、イエス・キリストは救い主とは認められていません。

したがって旧約も新約もなく、ただ「聖書」があるだけです（彼らは「トーラー」と呼びます）。

「旧約」と「新約」を合わせて「聖書」と呼ぶのは、あくまでもキリスト教という宗教が作り出したルールです。

少々意地悪な言い方になりますが、キリスト教というのは、ユダヤ教の経典でもある聖書を「旧約聖書」とし、新たに「新約聖書」を合わせて「聖書」とした、人類史上最大の著作権侵害の宗教と言っても良いでしょう。

しかも、旧約聖書の教えは守りません。

偶像崇拝はするは、豚は食べるは、エビもカニもイカも貝も自由に食べます。

「殺してはならない」はずなのに、歴史の中で最も多くの殺人をした宗教団体はキリスト教でしょう。

なんとも、すごい話ですね。

良い悪いをジャッジする必要はありませんが、こんなことも知っておくと世界を見る目が変わります。

ヨシュアは、キリスト教を作ろうとしてこの世に現れたわけではありません。イエスの教えとキリスト教は同じものではないのです。

イエスは、こう言っています。

わたしが律法や預言者を廃するためにきた、と思ってはならない。廃するためでなく、成就するために来たのである。よく言っておく。天地が滅びゆくまでは、律法の一点、一画もすたれることはなく、ことごとく全うされるのである。

（マタイによる福音書5－17・18）

つまり、「律法は守らなくて良いものは一つもないけれど、人間には無理だ。だから、私が律法を完成させよう。そして、律法を信じる信仰から、私を信じる信仰へと進化する」

ということです。

「私を信じる信仰」とはいったいどういうことなのでしょうか?

イエスが生まれて２０００年以上がたったいま、大きな時代の変化の中で、イエスが本当に伝えたかったことを知るべき時が近づいてきているようです。

第4章

人は変われるという希望

世界に平和の風を吹き渡らせる

旧約聖書が理解できるようになり、ユダヤ人の心、ユダヤの世界がわかるようになると、救い主を待ち望むユダヤ民族の気持ちが痛いほど伝わってくるようになりました。
旧約聖書の中には、やがて現れるメシア（救世主）の登場を預言する文章がたくさん出てきます。

たとえば、預言者イザヤはこう書いています。

しかし、彼は、私たちのそむきの罪のために刺し通され、
私たちの咎のために砕かれた。
彼への懲らしめが私たちに平安をもたらし、
彼の打ち傷によって私たちはいやされた。
（イザヤ書53－5）

「人々のそむきの罪」のために刺し通され、「人々の咎」のために砕かれた人物と言えば、どう考えてもイエス・キリスト以外にいないように思えるのですが、イザヤ書が書かれたのは、イエス誕生の７００年も前のことです。

聖書は旧約聖書39巻、新約聖書27巻の二つで成り立っています。

旧約聖書はイエス誕生の４００年前に完成しています。

新約聖書はイエスの死後に書かれ、３００年後に完成したものです。

旧約聖書にはイエス・キリストについての預言と思われる箇所が３００以上もあることから、後に強大になったキリスト教が、旧約聖書に手を加えて救い主の出現を演出したのではないかという疑惑もあったようです。

しかし、「死海文書」の発見で、イエスの生まれる前に書き写されたイザヤ書がすべて見つかっており、考古学的にも旧約聖書がイエス以前に完成していることが証明されています。

死海文書には、救い主が誕生する町、処女が身ごもること、死の様子、葬られる墓のことなどが事細かに記載されています。

そして、そのすべてが成就しています。

だから、イエス・キリストこそ神がお遣わしになった救い主であるとして、誕生した宗教がキリスト教なのです。

知れば知るほど、人智を超えた、巨《おお》きな力の存在を感じざるをえない聖書の世界です。

イエス・キリストは「無条件の愛」を説きました。

イエスは決して宗教戦争をさせるためにこの世に来たわけではありません。

キリスト教はユダヤ教から生まれたものです。

イスラム教も旧約聖書がルーツですから、彼らの争いはいわば兄弟げんかのようなものなのです。

ユダヤ人が新約聖書を読まないなら、宗教戦争をしたことのない私たち日本人が新約聖書を学び、そして、宗教を超えた本当の意味でのメッセージを知り、それを世界に発信すればよいのではないでしょうか。

そうすれば、世界に平和の風が吹き渡ると思いませんか？

そんなことを願いながら、聖書の旅を続けてゆくことにしましょう。

自分で考えなさい

ところで、いわゆる「先生」と呼ばれるものには、３つの種類があるように思います。

ひとつめは「ティーチャー」、知識を教える先生です。

教わる生徒は往々にして、先生を見るのではなく黒板を見ています。

ふたつめは「メンター」、この先生は一対一で生徒と向き合い、優れた助言や支援を行い導きます。

メンターは、必ずといっていいほど別のメンターを持っているのも特徴と言えるかもしれません。

そして、もうひとつが「ガイド」、伝道者と言いかえても良いでしょう。

ガイドは、生徒と同じところに立ち、同じ方向を向き、行くべき方向を指し示す存在です。どうやら私は、この「ガイド」としての使命を与えられてこの世にやってきたように思えます。

ところが、時折私は自分が「ガイド」であることを忘れて、つい、ティーチャーやメンターのように「教えよう」としてしまうことがあります。偉い人になったかのような勘違いをして、調子に乗る傲慢な心が私にあるからです。

今の状態に満足し、慢心して自分の知識に埋没してしまうことだけは戒めなくてはならないと、こうして語りながら、いつも肝に銘じています。

これまで私は、実に多くの人々をイスラエルの地へ案内してきました。

一人ひとりに必要なことが起こり、多くの物語が生まれ、生まれ変わるような人生の変容を何度も目の当たりにしてきました。

それが成されるのは、参加してくださる皆さんと同じ気持ちで、同じ方向を向き、私という水路を通して流れる「何か」が一人ひとりに届くことを願いながら言葉を選び、想いを乗せてゆくからです。

思い返してみれば、私の師匠、糸川英夫もすばらしいガイド、すなわち伝道者でした。けれど、先生が生きておられる時には、私はそのことが分かっていませんでした。

私は糸川先生に依存していたのだと思います。

いつまでたっても先生に従うばかり、どんなことでも「教えてください」と質問ばかりしている私に、先生が残した最後の言葉は「自分で考えなさい」でした。

先生が天に還られた後、心に大きな穴があいてしまった私は、この先どうやって生きてゆけば良いのか途方に暮れるばかりでした。

依存は恐怖を生むということも、この時に思い知りました。

それでも、自分で考えて、自分の足で歩みを進め、３年がたった２００２年、私は人生がまったく変わる大きな出逢いを経験することになります。

伝道者パウロの声を聞く

2002年、42歳だった私は、なぜか二度もシリアに行くことになりました。イラク戦争が近いという状況の中で飛行機はガラガラ、どこに行っても観光客はほとんどおらず、とても静かな時間が流れていました。

不思議なことが次々と起こる旅でした。

そんな旅の途中、シリアのダマスカスのホテルで、ひとりベッドに佇んで、ふと、「どうして自分はこんなところにいるのだろう……」と思ったその時のことでした。

「わたしが呼んだ」

耳から聞こえるのではありません。胸の中で何か、包みが開くようにして言葉になってゆくのです。いったい誰の声なんだろう?そう思った瞬間、すぐに答えが返ってきました。

「パウロだ。お前は、これから私のようにイエス・キリストを伝えることになる」。

パウロ？　新約聖書の登場人物でしょうか。

当時の私は聖書を学んでいると言っても、糸川先生に教わった箇所以外はほとんど読んだことがなく、クリスチャンでもありません。

イエス・キリストのことを伝えるなど、無理な話です！

「必要ない。そのままのお前を使う。そして、お前が立つ時、私が共にある」。

声はここまででした。そのあとベッドに倒れ、号泣したことを覚えています。嬉しいでも、悲しいでもない、理由のない切なさと、懐かしさに涙が止まらないのです。

私は、「不思議は詮索しない」と決めています。

それでも、いまもなおその声は胸の奥に残っているのです。

その経験の後、私は真剣に聖書を読み始めました。旧約聖書、新約聖書すべて読みました。とりわけ、パウロの書簡が魂に響いてきました。「ローマ人への手紙」「ガラテヤ人への手紙」、そして「ヘブル人への手紙」……。

読者として読んでいるときにはただの物語にしか思えなかった聖書が、神によって書かされている側に寄り添って読むと、言葉を超えて想いが届いてくるようになりました。

ユダヤ教の主流派である原理主義パリサイ派のエリートだったパウロは、ガリラヤ地方で起きた新興宗教、ユダヤ教イエス派の教えを許すことができませんでした。律法を超えたイエスの教えや、数々の奇跡、病人の癒し、すべてを憎みました。

しかし、本質的にはパウロもイエスも熱烈なイスラエルの愛国者であったのです。

イエスが磔になった後も、パウロは迫害の手をゆるめません。国外に逃亡し、潜んでいる信者を探しだしては、捕え殺していました。ところが、そんなパウロが死んだはずの主イエスの声を聞き、見えなくなった目から鱗のようなものが落ちて、元どおり見えるようになるという奇跡を経験します。この出来事が「目から鱗」という言葉の語源となったのですね。

そして、その名をサウロ（ヘブライ語で「求められている者」）からパウロ（ヘブライ語で「小さき者」）へと変えてイエスの使徒となる「パウロの回心」があった場所こそ、ダマスコ、今のシリアのダマスカスだったのです。

パウロは、ギリシャ語、ラテン語、ヘブライ語を使うことができ、ローマの市民権を持つユダヤ人でした。パウロがいなければ、イエスの教えは、ユダヤ教の新興宗教にとどまっていたかもしれません。

目に見えない天の願いを言葉に変えて人々に伝えた使徒パウロ。
まさに、人類史上最強のセールスマンです。

ダマスカスでパウロの声を聞いた私は、キリスト教は好きにはなれませんが、イエス・キリストが大好きになりました。この人類史上最も有名なユダヤ人のことをもっともっと知りたくなり、聖書を学び続けたのです。
そして、学べば学ぶほど、イエスの中にあるユダヤ魂と、日本の精神があまりにも共鳴することに驚かされました。西洋の宗教だと思っていたイエスの教えは、実は日本人にこそ届くものであり、そのことを伝えたいと強く願うようになっていったのです。

イエスは、真理をたとえ話でしかしません。

彼は、言葉という乗り物は、真理の周りを回ることはできても、真理そのものにたどり着けないことを知っていたからでしょう。

彼は、一切自分の言葉を書き遺してはいません。言葉にした瞬間に、本当のことではなくなってしまうことを誰よりも知っていた人なのです。

聖書は、書かれた文章を追いかけるだけではその本当の意味はわかりません。それゆえ、無数の解釈が生まれ、ときにはイエスの教えと真逆の信仰が生まれたりもしています。

パウロの霊に触れた体験以降、私は不思議と人前に立って話をする機会に恵まれるようになりました。しかし、あの言葉のとおりパウロが一緒にいてくれるのかどうかはよくわかりません。

ただ、この出会いによって、私だからこそ見えるイスラエルの姿、私だからこそ読み解ける聖書があることが分かるようになりました。

糸川先生は科学者であるがゆえに神について語られることはありませんでした。

でも、何者でもない、まさに「小さき者」である私は、自分で考え、自分の足で歩いて、ついに宗教を超えた神の世界へと踏み込んでゆくことになったのです。

洗礼者ヨハネのしくじり

カインとアベルの兄弟げんかの話を覚えていますか？

嫉妬によって弟アベルを殺してしまったカインの過ちを解消し、その後の人々の罪をも背負う救世主キリストを地上に降臨させるために、神はなんと数千年もの時を待ちました。

そして、いよいよ時満ちて、神は大天使ガブリエルを地上に遣わします。

祭司ザカリヤが聖所でひとり香を焚いていると、大天使ガブリエルが現れてこう言いました。

「あなたの妻エリザベツは男の子を産むだろう。その子をヨハネと名づけなさい。彼は主のみまえに大いなる者となり、母の胎内にいる時からすでに聖霊に満たされており、そして、イスラエルの多くの子らを、主なる彼らの神に立ち帰らせるであろう」。

バプテスマ（洗礼者）ヨハネの誕生の告知です。

そののち、妻エリザベツはみごもります。


続いて大天使ガブリエルはマリヤの前にも現れます。

「恐れるな、マリヤよ、あなたは神から恵みをいただいているのです。見よ、あなたはみごもって男の子を産むでしょう。その子をイエスと名づけなさい。彼は大いなる者となり、いと高き者の子と、となえられるでしょう」。

有名な受胎告知の場面です。


2人はカインとアベル、まるで兄弟のように順に神の祝福を受けて生まれてくるのです。

イエスに先駆けて生まれた洗礼者ヨハネは、多くの人々に影響を及ぼし、預言者エリヤの再来だとも言われました。大衆の尊敬を集め、律法学者や宗教家、王からも一目置かれる存在となりました。

弟子も大勢いました。後にイエスの弟子となるペテロやアンデレも、もともとは洗礼者ヨハネの弟子だったのです。

ヨハネは「見よ、世の罪を取り除く神の子羊。わたしのあとに来るかたは、わたしよりもすぐれたかたである」と言いました。

その言葉を最後まで貫き通し、自分のすべてを後に来たイエスに差し出し、「誠にあなたこそ神の子です。私はあなたに従います」と、和することができたなら、カインの過ちも解消され、イスラエルは救われたことでしょう。そうすれば、イエスの伝道も、王や権力者が帰依するものとなったはずです、仏陀のように。

しかし、結局、洗礼者ヨハネはしくじりました。

イエスを救い主と認めることができなかったのです。

その原因は、またしても「嫉妬」でした。

牢屋に囚われていた洗礼者ヨハネは、弟子を遣わして「お前は本当に救い主なのか?」と聞かせています。イエスに自分のすべてを捧げることができなかったのです。

やがて洗礼者ヨハネは王に首をはねられました。

イエスも上流階級からの伝道をあきらめ、病気治しや、下層階級への伝道の道へと進まざるを得なくなりました。

そして十字架にかかって33年間の生涯を終えることになるのです。

わずか3年の伝道生活でした。

サムライ・イエスの本当の姿

イエスの生きざまは、まさに神の子と呼ぶにふさわしい、一切無私で、ただひたすらに神の声に従い、その命さえも差し出す凄まじいものでした。

始まりなき始まりから、終わりなき終わりまで貫く永遠の命。人が死と呼んでいるのは自我の死であって、本当は「人は死なない」ということをイエスは教えました。

わずか3年の伝道にもかかわらず、イエスの教えは今なお世界中の人々に影響を与え続けています。

ただ、本当のイエスの姿を知るためには、ユダヤを知らなければなりません。

聖書はヨーロッパを経由して日本に入ってきたので、違う文化の言葉になってしまっています。ヘブライ語とユダヤ民族を通して、直接見てみると驚くべきことが分かるのです。


ユダヤ人はアジアの西の端の民族で、言語系でいえばセム族になります。

ヨーロッパ人ではなく、むしろ私たち日本人、ヤマト民族と非常によく似た人々です。

ヨーロッパに行くと、教会の中には色白で髪の毛の長い、なよっとした人物が十字架に掛かっていますが、実際は黄褐色の肌のがっしりした体格でたくましく強いアジア人男性だったはずです。

イエスは伝道を始める30歳まで、小さな田舎町ナザレで大工をしていたのです。

当時は石を使って家を作っていたので、大工は皆日々重い石を持ち運び、筋肉隆々としています。

「イエス」はギリシャ語、ユダヤ人の彼の本名は「ヨシュア」、当時のイスラエルでは、どこにでもあるごくありふれた名前です。

彼はアジアの西の端イスラエルに生きた、サムライのようなたくましい男なのです。

言い伝えによると、養父のヨセフはイエスが19歳の時に亡くなったということですが、聖書には何も書かれていません。

イエスの下には、ヨセフとマリヤとの間に少なくとも4人の子供がいたので、家族を養うために大工仕事をして働いていました。

実際にナザレを歩いてみると、とても小さな町であることがわかります。

聖書にも「ナザレにはよきものはない」と書かれたほどの貧しい町です。

白く漆喰が塗られた壁に小さな窓が一つしかない、暗い穴ぐらのような狭い家で、家族は貧しく暮らしていました。ありふれた名前の青年は、外見も目立たない一人の大工に過ぎませんでした。

しかし、そんな一人のユダヤ人が、人類の歴史を変えました。

同じアジア民族である日本人として聖書を読み解くとき、イエスの本当の姿が見えてきます。イエスが本当に伝えたかったことが魂に響いてくるのです。

聖書は、宗教の書物ではありません。

いまもなお生きている真実の書です。

聖書を学ぶことで人生が変わるかもしれません。

でもそれは決して、神を信じなさいということではありません。

あなたの中にこそ、あなたを変える力がある。

あなたにはあなたらしく生きる力がすでに備わっている。

イエスは私たちにそう語りかけます。

そのことに気づき、本来あるべき自分を生きてゆくために、いまこそ人類最古の智慧の書「聖書」を、あなたの人生に迎え入れてほしいと願います。

イエス伝道のハイライト　山頂の垂訓

マタイによる福音書の5章から7章にかけて、ガリラヤ湖畔の山頂で行われた1万人の集会で、イエス・キリストが語った言葉が記されています。

ユダヤの決まりで、男子の数しか記録されていないので正式な参加者の人数は分かりません。そこに集まった男の数は、5千人であったと書かれているので、女子を含めれば1万になったのだろうというのが普通の考え方でしょう。

でも、イエスの集会ですから女子の割合が多かったと思うのです。いつの時代も、新しい風を感じて、時代の流れを読み、さきがけになってゆくのは女性です。

もしも、女子が男子の倍いたとしたら集会は1万5千人の規模となりました。

さて、これまで私は30年で30回イスラエルを訪ね、その度にガリラヤ湖に宿泊してきました。キリスト教の聖地巡礼ではないので教会巡りはしませんが、それでもイエス・キリストが伝道活動の拠点とした場所は訪ねることにしています。

とりわけ、イエスの伝道生活の頂点とも思える「山頂の垂訓」の場所は大切です。イエスが語ったであろう場所には六角形の教会が建てられ、中にはステンドグラスにメッセージが刻まれ、訪れる人たちにいまもなお教えを垂れているのです。

心の貧しい人たちは、さいわいである。
天国は彼らのものである。
悲しんでいる人たちは、さいわいである。
彼らは慰められるであろう。
（マタイによる福音書5‐3〜4）

イエスは、この言葉から語り始めています。

当時はボイスレコーダーなどありません。イエスの言葉を記録するすべもないのに、マタイが事細かに福音書に書いているのは、それほど強烈に彼の魂に刻まれたのだということでしょう。

それにしても、当時はマイクもスピーカーもありません。拡声装置がない野外で、生の声で1万人以上の人たちに言葉を届けるにはどうしたらいいのでしょうか。

私が語っているのは、「足の裏で読む聖書」です。

聖書に書かれた場面の現場を訪れてそこに実際に立って、どのような状況であったのか、そして誰がどこにいたのか、書いた人はどこで見ていたのか……。2千年の時間をさかのぼり、その地の持つ記憶をたどり、その様子を全身で感じとるのです。

武道館ライブと同じくらいの人が集まって座ったとき、イエスが語るステージはどこなのか。聖書には、ガリラヤ湖を見下ろす小高い山の頂とあることをたよりに、何年かかけて場所を特定していきました。

大体の場所は分かってきましたが、問題はそこでどうやってイエスの声を1万人に届けたのかということです。

教会で神父さんや牧師さんが聖書を開き、穏やかな優しい声で、「心の貧しい人たちはさいわいです……」などというのを神妙な顔をして信者が聞いている風景を想像してはなりません。

キブツの学校を思い出してください。ユダヤ人はとにかく騒々しいのです。言いたいことを言う人たちです。そんなユダヤ人が1万人も集まった場所で静かに語りかけようものなら「聞こえないぞーっ！」と、大騒ぎになることでしょう。すぐに怒って、みんな帰ってしまうに違いありません。

「山頂の垂訓」がすごいのは、音響装置もない時代の野外ライブでメッセージを伝えきった、イエスのエネルギーです。

内容のすばらしさを解説する本はいくらもありますが、その時の状況を私に教えたものはありません。映画ですら、イエスが静かに語っている場面を描くばかりです。

ガリラヤ湖では強い風が吹きます。ときに嵐のように吹き荒れます。

そして、朝と夕方では風向きが変わります。朝は湖から風が吹き、夕方は山頂から湖に向かって斜面を駆け下りていくように風が吹くのです。

イエスは、その風に声を乗せました。

優しい声では届きません。だから、肚の底から叫ぶような大声で、そばにいたものの魂がビリビリ震えるほどのシャウトで叫んだのです。

さらに、ヘブライ語の文法では、「心の貧しいひとたちはさいわいである」とはなりません。「さいわいだ！心の貧しいひとたちは」となります。

つまり、山頂の垂訓の第一声は「さいわいだ！」という意味のヘブライ語のシャウトだということになるのです。


「アシュレーーイ！」。


イエスの全身全霊の叫びが、1万人の魂をわしづかみにしました。

こうして、イエスは人々の心の中に染み入るように、神からのメッセージを伝えてゆきました。

「心の貧しい人」という日本語訳では、意地悪い人、ケチな人といったイメージをしてしまいそうですが、イエスが叫んだヘブライ語の表現は「魂の乞食」です。乞食とは、恵んでもらわないと生きていけないほど情けない、落ちぶれた状況を言います。

見栄も外聞もかなぐり捨てて、乞食のように神に救いを求めなければ生きていけない人たちこそ「さいわいだ！」とシャウトしたのはどうしてでしょう。

そして、そのことを、最初に叫んだのはなぜでしょうか。

それは、神がもっとも手を差し伸べやすいのが「謙虚な人」だからです。

ただ、謙虚というとインパクトが弱いので、「魂の乞食」という衝撃的な言葉を使ったのでしょう。愛をもって辛辣《しんらつ》な言葉を投げかける、まるでロックシンガーのようではありませんか。

自分は能力があると錯覚してプライドばかりが高くなり、少し叱られただけで会社を辞めてしまったり、少しの困難で夢をあきらめてしまうというようなことがありますが、人間力を高めるために神さまが与えたチャンスを受け取らないのはもったいないことです。

イエスが言う謙虚とは、素直にお詫びができ、反省したら繰り返さず、気づいたら行動を変えるという在り方のことです。そして、そのような在り方こそが、天国への入り口なのだというイエスのメッセージは永遠に普遍です。

そこからは「アシュレーーイ！」の連発です。

アシュレーーイ！　悲しみを知っている人は！
彼らは慰められるだろう

人は悲しみが多いほど、人には優しくできるものです。苦しみや悲しみを知ることで他人の痛みを理解でき、優しさを知ります。
人生は光と影。闇に降りて、光を生きている人は人を慰め、神から慰められるのです。

アシュレーーイ！　柔和な人たちは！
彼らは世界を受け継ぐだろう

機嫌よくしている人は、太陽のようにまわりを温めるのです。そばにいるだけでホッとする人は、神からの恵みを得るのです。人に機嫌を取ってもらうような子どもではなく、自分で自分の機嫌をとって、ニコニコ顔でまわりを穏やかな空間に整えてゆける人は、まさにこの世界を受け継ぐべき人なのだとイエスは叫びました。

アシュレーーイ！　義に飢え渇く人たちは！
　　　　　　彼らは十分以上に満たされるだろう

理不尽なことを味わっている人たちに向かって、イエスが本気で叫んでいるのを感じます。生い立ちや境遇がどんなであろうと、それらのせいにせず、犠牲者の怒りに乗っ取られることなく、自己憐憫《れんびん》にも陥らず、逆境をバネに変えて変容していく人たちは、神から有り余るほどの祝福を受け取ることでしょう。

アシュレーーイ！　憐み深い人たちは！
　　　　　　彼らはあわれみを受けるだろう

これは「因果の法則」です。出したものが自分に返ってくるという、宇宙の法則です。人に親切にしたら、自分に返ってくるのだ、というのです。どんなときも、誰かのためにしたことは必ず自分自身に返ってくるのだから、覚悟を決めて喜んで引き受ければよいのです。

アシュレーーイ！　心の清い人たちは！
彼らは神を見るであろう

人の欠点ばかり見る人は、そこに神を見ることはありません。それは意地悪な自分の心の投影だからです。

ところが、心が清い人は、相手の素敵なところや美しいところに焦点が合います。相手の美しいところが見つかれば、その人を愛することができます。自分の心が曇っていると、相手の悪いところにピントが合わせられるものです。私たちは誰も皆、神の分け御霊をいただいている神の子です。人の中に神を見出すことができるとき、この世は天国になります。

アシュレーーイ！　平和を実現する人たちは！
彼らは神の子と呼ばれるだろう

人は殺し合うために生まれたのではなく、平和に生きるために生まれたのです。自国の利益のみを追求して戦争をすることと、自分の都合で他人と衝突することとには、どんな違いがあるでしょうか。夫婦げんか、親子げんか、兄弟げんかに職場での衝突……。世界の平和を願いながら自分のまわりに紛争が絶えないのは矛盾です。自分の心の中に平和を実現することが、神の子への道なのです。

アシュレーーイ！　義のために迫害されてきた人は！
天国は彼らのものである

お金儲けのためには平気でうそをつく商人。お金儲けのために患者を薬漬けにする医者。お金儲けのために間違ったことでも教える教師。お金儲けのために人を脅し、依存させて恐怖で縛る宗教、人間性のない科学……。
そんな仁義なき世の中にあって、仁義を貫く人こそ天国の住人なのだ、とイエスは叫んでいます。

8連発の「アシュレーーイ！」で人々の心をわしづかみにし、いよいよクライマックス、9発目の「アシュレーーイ！」となりました。

アシュレーーイ！

私のために人々があなたがたをののしり、また迫害し、あなたがたに対して偽って様々の悪口を言う時には！

よろこび、よろこべ、天においてあなたがたの受ける報いは大きい。

あなたがたより前の預言者たちも、同じように迫害されたのだ。

自分の内なる神との関係を、理屈ではなく、情熱で伝えたイエス・キリストの「アシュレーーイ！」というシャウトが、わが魂にいまも熱く響いてなりません。

イエスが伝えたシンプルな成功法則

イエス・キリストが山頂から1万人に叫んだ「アシュレイ！」は、魂に響くものでしたが、その教えは当時のユダヤの民には早すぎたのかもしれません。

イスラエルをローマから解放してくれること、そして自分の生活を楽にしてくれることを救世主に求めていた人たちにとって、「利他の教え」は実践するのが容易ではなかったようです。

それでも、イエスは説きました。

誰も理解しなかったとしても、神が伝える「真理」を話すこと以外、彼にはできなかったのです。

山頂の垂訓は、イエスの名言集と言えるほどの珠玉の言霊に満ち溢れています。

もしあなたの右の手が罪を犯させるなら、それを切って捨てなさい。五体の一部を失っても、全身が地獄に落ち込まないほうが、あなたにとって益である。

悪人に手向かうな。もし、だれかがあなたの右の頬を打つなら、ほかの頬をもむけてやりなさい。

あなたを訴えて、下着を取ろうとする者には、上着をも与えなさい。

敵を愛し、迫害する者のために祈れ。こうして、天にいますあなたがたの父の子となるためである。天の父は、悪い者の上にも良い者の上にも、太陽をのぼらせ、正しい者にも正しくない者にも、雨を降らして下さるからである。

あなたは施しをする場合、右の手のしていることを左の手に知らせるな。

あなたがたは自分のために、虫が食い、さびがつき、また、盗人が押し入って盗み出すような地上に、宝をたくわえてはならない。

むしろ自分のため、虫も食わず、さびもつかず、また、盗人らが押し入って盗み出すことも␣ない天に、宝をたくわえなさい。あなたの宝のあるところには、心もあるからである。

（マタイによる福音書5・6抜粋）

いまは成功哲学としてさまざまなセミナーが行われ、書店の棚にはおびただしい数の書籍が並んでいます。しかし、どんなにオリジナルを謳っていても、そこにある成功法則の中でイエスが山頂の垂訓で語った言葉によらないものはないと言ってよいでしょう。

なぜなら、それは人類に神が与えた普遍の真理だからです。

宇宙は、シンプルです。
出したものが自分に返ります。
運命とは、自分が投げかけたものが宇宙から返ってきたものです。
だから、未来を決めて宇宙に投げかけ、行動すると運命が変わるのです。

2000年前に、ガリラヤ湖畔の山頂でイエスが1万人の聴衆に向けて叫んだ真理は、一つも古くなっていません。
その「真理」に謙虚にまっすぐに従うとき、私たちは宇宙の風に乗るのです。

しかし、そこに思考が入り込みます。
真理は思考に汚され、腐り、宗教となってゆきます。
「真理」と「真理教」とはまったく違うものです。

イエスが、伝えた宇宙の真理に、ほとんどの人たちが耳を傾けませんでした。
なぜなら、彼らは「魔法」や「奇跡」といった特別な力で豊かな人生をもたらしてくれる「幸運」という悪魔を待ち望んだからです。そして、それを「救世主」と呼んだのです。

イエスが伝えた成功法則は実に単純なものです。
老若男女、貧民も王様も、だれでもが自分のためにその秘密を使うことができます。

「自分の枠を超えなさい」

「相手の期待を上回れ」

すなわち、どんなことであっても、自分の期待されている以上の奉仕をすることです。それが、人類の歴史が始まって以来、成功した人たちすべてが従ってきた法則なのです。

反対に、自分をつまらない者にしておくための最も確実な方法は、支払ってもらっている分だけの仕事をすることです。

給料が安いからといって、給料分だけの仕事をしていたら、間違いなくその額面通りの人物になります。

自分が受け取っているお金以上の仕事をするのは不当だ、騙されているのだと思う人がありますが、それは違います。

人生には振り子があって、報酬以上の働きに対して流された汗は、今日報われなくても何十倍になって返ってくるようになっています。天に積んだ宝の利息は、この世の利息ではなく、驚くべき利回りなのです。

平凡を嘆く人たちは、決して自分の枠を超えようとはしません。

自分を騙すべきではないと思い込んでいるのです。

しかし、神さまはこの世界に平凡な人間を一人として造っていません。

一人ひとりが、この宇宙でたったひとつのユニークな存在なのです。


神さまは人間に自由意志を与えています。

だから、自分自身の意志で承認しなければ枠を超えることはできません。

神さまが、往々にして「お試し」というかたちで与えてくださるチャンスは避けられません。それを無視し、大勢の不平不満の海で生きる人たちと同じように生きていたらどうなるでしょう。そのときの失敗の責任をとるのは自分自身以外ありません。


自分の枠を超えて奉仕すれば、必ず報酬がついてまわります。

原因と結果、手段と目的、種と果実、これらは引き離せません。

結果はすでに原因のなかに咲いています。

目的はすでに手段のなかに存在し、果実はつねに種のなかにあります。


「自分の枠を超えなさい」

すぐに報酬がこなくても、心配しないようにしなさい。
永い間、支払いが止められていればいるほどよいでしょう。
利息に利息が重なるというのが、この法則の最大の利点なのです。

成功を求めさえすれば「引き寄せ」とやらが働いて、救い主が現れてたちどころにあなたの人生を豊かにしてくれる、というような幻想は捨てましょう。

あなたは、成功に値することができるだけなのです。
その成功に値する報酬を得るための偉大なる秘密こそ、「自分の枠を超えなさい」というイエスが説いた普遍真理です。

世界は何も変わらなくて良いのです。
いま、ここで自分が変わるだけです。

「右の頬を打たれたら、左の頬も出せ」とは、何も良い人になりなさいと言っているのではありません。いつのときにも私たちは、神さまから試されているのだということです。

それは、目の前の人を通して「頼まれごと」としてやってきます。だからこそ、相手の期待を常に上回ってやろうとワクワク待ち受ける人と、出来事ひとつひとつに傷つき、愚痴り、不平不満を言い続ける人の人生は大きく違ってくるのです。

もちろん、どちらを選ぶかはあなたが自由に選択してよいし、神さまは決して罰を与えたりしません。ただ、出したものが自分に返ってくるという、シンプルな宇宙の法則があるだけなのです。

2000年前にガリラヤ湖畔の山頂で、イエス・キリストが叫んだ普遍真理は、いまも新しく、まっすぐな光を放ち続けているのです。

日本昔ばなしと聖書

「昔むかしあるところに、真面目で正直者なのに運の悪い男がいました」。

突然ですが、日本昔ばなし「わらしべ長者」のオープニングです。

真面目で正直者なのに運の悪いこの男、いったいどうやって長者になったのでしょう？

働いても働いても貧乏な男は、最後の手段として飲まず食わずで観音様にお祈りしました。

するとあたりが暗くなった頃、観音様が男の前に現れて「お寺を出るときに転がって何かをつかむので、それを持って西へ行きなさい」と言ったのです。男は不思議に思いましたが、帰ろうと寺を出るときに本当に転がってしまい、なんと「わら」をつかみました。


お約束通りに転びましたね（笑）。

「わらしべ長者」という名前が付くほどですから、ここでつかんだ「わら」に運命が変わる重要なカギが隠されています。

後ほど聖書を引きながら読み解いてみたいと思います。


昔ばなしを続けましょう。

男は観音様の言う通り、わらを持って西へ向かうことにしました。

歩いているとアブが飛んできたので、男はアブを捕まえるとわらの先に縛りつけました。


男がアブのついたわらをもって西へ進んでいると、牛車に乗った子どもが、わらに縛られたアブが欲しいと言いました。

男がアブのついたわらを子どもにあげると、子どもの母親はお礼にみかんを3つくれました。


みかんをもらった男がさらに西へ進んでいくと、娘が道端で苦しんでいました。

娘は水を欲しがっていたので、男は持っていたみかんを差し出しました。すると、娘の体調は良くなり、お礼に絹の布をもらいました。


さらに西へ進むと、侍と倒れた馬に出会いました。

侍は急いでいるのに、馬が倒れてしまったために先へ進むことができず困っていました。

絹の布を見た侍は、馬と交換しないかと言いました。男は絹の布と馬を交換し、夜通し面倒を見てやると、馬は朝にはすっかり元気になりました。

馬を連れて西へ進むと、大きな屋敷がありました。屋敷の門から、ちょうど今から旅に出ようとしていた主人が出てきて、馬を譲って欲しいと言いました。

その代わりに、この屋敷と裏の畑を預けると言い、男は馬と屋敷を交換しました。

しかし何年経っても屋敷の主人は帰ってこず、男は立派な屋敷と畑を持った長者になりました。観音様に言われた通り、男はわら１本で長者になったので、生涯わら１本すら粗末にすることはありませんでした。

めでたしめでたし、というのが「わらしべ長者」のあらすじなのですが、いかがでしょうか？子どものころに聞いて感じたことといま感じること、何か違うところはあるでしょうか？

他はともかく、「馬と屋敷を交換する金持ちなんているのか？」という疑問はひとまず脇に置いて（笑）、聖書の「ヨハネによる福音書第9章」にこんなエピソードがあります。

ある時、イエスと弟子たちがエルサレムで道を通っていると、生まれつきの盲人がいました。そこで弟子がイエスに、「先生、この人が生まれつき盲目なのは、誰が罪を犯したためですか。本人ですか、それともその両親ですか」と質問します。

「なんと無神経な！」と思いますが、実は当時のイスラエルでは生まれつきの盲人はダビデによって呪われているとされて、神殿に入ることも許されなかったのです。

イエスはこの盲人の目を開き、ダビデの呪いも解き放ちます。

ここで私が重要だと思うのは、奇跡を起こしたイエスではなく、イエスの言葉を信じた盲人の方です。

わらしべ長者の話を引き合いに出したのは、日本昔ばなしも聖書も真理は同じだということに気づいたからなのです。

真面目で正直者なのに運の悪い男の祈りが届き、彼の前に立った観音様は「お寺を出ると転ぶ。そのときつかんだものを持って西へ行きなさい」と言いました。


何があるのかは告げられません。

どうなるのかも教えられません。

神さまからのメッセージはいつもそんなふうです。


自分の価値観を一切放棄して「ハイ」と従うとき、それまでの人生の延長ではない、思いもよらない未来が待っているのです。たしかに、期待や欲が働けば、転んでつかむものが価値のあるものであって欲しいでしょう。

しかし、つかんだものは一本のわら。

それでも男は西へと進んだのです。


聖書に話を戻しましょう。

イエスは弟子たちに向かって、「本人が罪を犯したのでもなく、また、その両親が犯したのでもない。ただ神のみわざが、彼の上に現れるためである」と言って、地につばきをし、そのつばきでどろをつくり、そのどろを盲人の目に塗ります。そして「シロアムの池に行って洗いなさい」と言うのです。

盲人だから見えないとはいえ、つばきで土をどろにして目に塗るとは何ということでしょう。しかも、シロアムの池……、私は何度も行きましたが、エルサレムの城外の地面深いところに湧いている池で、健常者でも大変な道のりなのです。

そこへ盲人が一人で歩いてゆくというのですから、容易なことではありません。

しかし、彼は行ったのです。

本気で信じたのです、だから行動しました。

そして、洗ったら見えるようになったのです。

しかも、彼は目が見えるようになっただけではなく、心の目も開いて、本当に大切なことが何かを知りました。魂の長者になったのです。

この世の見える世界に勝利して、見えない世界が見えるようになったのです。

人生が変わるとき、それは自己の変容を伴います。

変容の前には、危機が先行します。

この時、謙虚に素直に行動すること、人類普遍の「変容の法則」を常に忘れずにいたいものです。

ペテロの変容のはじまり

イエスと出逢い、イエスに従い、イエスと暮らし、イエスと旅し、イエスと伝道した弟子のリーダーペテロ。

彼の成長と変容こそ、聖書の希望です。

「人は変われる」

それこそが、聖書が伝えた最大の福音だと私は思うのです。

現在のローマカトリック教会の首長、ローマ法王は266代フランシスコです。歴代ローマ法王のほとんどがイタリア人ですが、フランシスコは史上初のアメリカ大陸出身、アルゼンチンの生まれです。

そのローマカトリック教会では、初代教皇はイエスの一番弟子ペテロであるとされています。

初代教皇ペテロはユダヤ人です。もちろんイエスもユダヤ人です。けれど、その後ユダヤ人教皇はひとりもおらず、それどころか、第二次世界大戦において、キリスト教はユダヤ人虐殺に手を貸したという事実も、私たちは知っておくべきでしょう。

2000年間国を持たなかったユダヤ人は、迫害され続けてきました。

エルサレムに「ヤドバシェム（記憶の丘）」と呼ばれる施設があります。第二次世界大戦中にヨーロッパで虐殺されたユダヤ人のことを記憶するための記念館です。

20回以上訪れていますが、その都度、胸がつぶれるほどの悲しみが押し寄せます。

何年か前に友人が教えてくれたのですが、ヤドバシェムを見学した後、ホロコーストに遭ったユダヤ人に対して、キリスト教の牧師がこう言ったそうです。

「我が主を十字架に送った当然の報いだ」と。

宗教がどれほど世界を悪くしたのか、胸が痛みます。

イエスが悲しみます。

さて、イエスにはペテロを筆頭に12人の弟子がいました。

ユダヤ人であるダビデ王の血統のイエスの系譜をさかのぼると、イスラエルの国名の元となったヤコブ、その父イサク、そして民族の父アブラハムへとつながります。

ヤコブの12人の子らがイスラエル12支族の始まりです。

イエスが12使徒を選んだのも、そのことにちなんでいるのでしょう。

ガリラヤ湖畔にカペナウムというところがあり、そこにシナゴーグがありました。シナゴーグとはユダヤ教の会堂であり、安息日にはトーラー（聖書）を読み、祈りを捧げる聖なる場です。

ペテロは、シナゴーグの前に家を持つ漁師で、妻とその母、そして兄アンデレと一緒に住んでおり、イエスはその家にしばしば滞在していました。

イエスは、シモン（浮き草）と呼ばれていた弟子をペテロ（岩）と名づけ、格別に愛しました。そんなペテロとイエス・キリストとの出逢いの場面を、聖書はこう書いています。


さて、群衆が神の言葉を聞こうとして押し寄せてきたとき、イエスはゲネサレ湖畔に立っておられたが、そこに2艘の子船が寄せてあるのをごらんになった。

漁師たちは舟からおりて網を洗っていた。その一艘はシモンの舟であったが、イエスはそれに乗り込み、シモンに頼んで岸から群衆にお教えになった。


話がすむとシモンに、「沖へこぎ出し、網をおろして漁をしてみなさい」と言われた。

シモンは答えて言った。「先生、私たちは夜通し働きましたが、何も取れませんでした。しかし、お言葉ですから網をおろしてみましょう」。

そして、そのとおりにしたところ、おびただしい魚の群れがはいって網が破れそうになった。そこでもう一艘の舟にいた仲間に加勢にくるように合図をしたので、彼らが来て魚を両方の舟いっぱいに入れた。

そのために舟が沈みそうになった。

これを見てシモン・ペテロは、イエスのひざ元にひれ伏して言った。「主よ、わたしから離れてください。わたしは罪深いものです」。

彼も一緒にいた者たちもみな、取れた魚がおびただしいのに驚いた。

するとイエスがシモンに言われた。

「おそれることはない。今からあなたは人間をとる漁師になるのだ」。

そこで彼らは舟を陸に引き上げ、いっさいを捨ててイエスに従った。

（ルカによる福音書５－１～11）


信仰は、神との個人的な霊的接触によって始まります。

漁師の網元として暮らしていたペテロにとって、ガリラヤ湖の漁場は人生をかけた仕事場です。プロの漁師が一晩がかりでも魚がとれなかったものを、素人の伝道者が何を言うか……、イエスに対してそんな気持ちでいたにちがいありません。

この世で生きて、経験も積んで、漁師としての腕を磨いて仲間たちを従えていた親方です。漁師としてのプライドもあるでしょう。

にもかかわらず、「お言葉ですから」と言わしめたイエスの言霊の威厳を感じます。同時に、抵抗感を持ちながらもイエスの言葉に従ったペテロに、未来の可能性を観ます。

そして、網をおろしてみたらおびただしい数の魚がとれたのです。漁師だからこそ、漁を知らない者の何倍も、いや何百倍も驚きました。

そのときのペテロの驚愕、そして畏怖の念。

その純真さが信仰にとって最も大切なものだと聖書は教えます。

イエスの伝道は、出逢う一人ひとりの心の深みに触れてゆきます。

それは、イエス・キリストが愛そのものだったからではないでしょうか。

それまでのすべてを捨てて、ペテロはイエスに従い、新しい歩みを始めるのです。

奇跡で人は変われない

イエスに従ったペテロは、イエスのそばで師匠の行いを目のあたりにし続けました。

ある時、床に乗せたまま連れてこられた病人がペテロの家に入ろうとしましたが、群衆のために運び入れる方法がなく、屋根に上って瓦をはいで病人を床ごと群衆の真ん中につりおろして、イエスの前に置かれました。

イエスはその信仰を見て、「人よ、あなたの罪はゆるされた」と言われ、「起きて、床を取り上げて家に帰れ」と命じると、病人は即座にみんなの前で起き上がり、寝ていた床を取り上げて、神をあがめながら家に帰ってゆきました。

「宮の納入金（神殿の維持管理のための税金）を治めよ」と言われたペテロは、イエスから海で釣り針をたれるよう命じられます。そして「最初に釣れた魚の口から見つかる銀貨を納めなさい」と言われるのです。

2匹の魚と5つのパンを1万人もの人々に分け与えるという、信じられないような奇跡も聖書には記されています。

嵐を鎮めたり、水の上を歩いたり、水をぶどう酒に変えたり、悪霊がついた子どもを癒したり、生まれつきの盲人の目を見えるようにしたり……。なんと驚くべきことに、死んで4日もの間、墓に葬られていた男に「ラザロよ、出てこい」と呼ぶと、死人は手足を布でまかれ、顔も覆いで包まれたまま出てきたと聖書には書かれています。

また、高い山にペテロ、ヤコブ、ヨハネを連れて行ったイエスは、彼らの目の前で真っ白に輝き、そこに現れた預言者エリヤとモーセと語り合っていました。

ペテロはイエスに向かって、「先生、わたしたちがここにいるのはすばらしいことです。だから、わたしたちは小屋を三つ建てましょう。一つはあなたのために、一つはモーセのために、一つはエリヤのために」と、とんちんかんなことを口走ります。

漁師の親方であったペテロは、学問があったわけではありません。しかし、ユダヤ人として律法を血肉としたイスラエルの愛国者であったことは間違いないでしょう。

預言者がやがてやってくると叫んだ救い主（メシア）を待ち続けたユダヤの民にとって、イエスは希望でした。

弟子たちも、イスラエルを異邦人の支配から解放する王として、イエスが立ちあがってくれるものと信じていました。イエスの奇跡を間近で見て、弟子たちはいよいよ師匠こそイスラエルの救世主だと信じてゆきます。

３年の時が流れ、イエスは自分がエルサレムで捕えられて処刑される時が近づいているのを感じ、弟子たちの最後の教育をピリポ・カイザリアで行います。

イエスが「お前たちは私を誰だと言うか」と問うと、ペテロは「あなたこそ、生ける神の子キリスト（救い主）です」と答えます。イエスは感動しました。そして、「シモン！よく言った。お前にその直感を与えたのは天の父だ。お前をペテロ（岩）と呼ぶ、そしてお前の上に教会を建てよう。そして、お前に天の鍵を授ける」と言いました。

この直感力がペテロの素晴らしいところであり、イエスが愛してやまない性質でした。

しかし、ペテロはまだまだ本当に変容してはいません。

直感が働いても、またすぐに元の自分の考えに飲み込まれてしまいます。

そんなペテロに親近感が湧くのは、私だけでしょうか？

その後、イエスがやがてエルサレムで自分は殺されるであろうことを弟子たちに話すのですが、こともあろうかペテロはイエスに「主よ、とんでもないことです。そんなことがあるはずがありません」と説教してしまうのです。イエスは激怒して「下がれ！サタン！私の邪魔をする者だ。お前は神のことを思わないで、人のことを思っている」と言うのですが、ペテロの気持ちも分からなくはありません。

弟子の教育に苦心するイエスと、師匠の気持ちがまだわからずにいるペテロは都エルサレムへと上ってゆきます。運命は無情にもイエスを十字架へと向かわせるのです。

有名な「最後の晩餐《ばんさん》」のときが近づいてきました。

弱きペテロがいかにして変えられてゆくのか、さらに深く読み解いてゆきましょう。

最後の晩餐

「最後の晩餐」というと、レオナルド・ダ・ヴィンチの有名な絵画を思い浮かべる人が多いのではないでしょうか。

イエスが中央に座り、弟子たちが両側に分かれてテーブルについています。そもそもテーブルの向こう側にだけ人がおり、こちら側に誰も座っていないなどということはあるはずがなく、しかも当時のユダヤ人の生活習慣では食事は床に座ってするものでしたから、すべてがダ・ヴィンチの想像によるものだと言っても良いかもしれません。

それにしても、聖書が西洋の文化に与えた影響は計り知れないものがあります。

そして、それゆえに聖書は西洋の文明を通ることとなり、いつしかユダヤの香りは消えてゆきました。

さて、ついにイエスが捕らえられ、十字架にかけられるときがやってきます。

ユダヤの最も重要な過越《すぎこし》の祭りのときにそうなると、イエスは弟子に言います。しかし、弟子たちは聞いているようで聞いていないのです。

その過越の祭りを二日後に控えた日に、イエスと弟子たちはベタニアという町のライ病人シモンの家にいました。そこに、一人の女が「ナルドの香油」というとても高価な油を持って現れ、食事をしているイエスの頭に注ぎかけたのです。

現代の価値に換算すると、数百万円もの大変高価な香油です。イエスの弟子たちは、そんな金があったら貧しい者に施しをせよと、女の無駄使いを責めるのですが、イエスはそんな弟子たちを叱ります。

もはや死へのカウントダウンが始まったイエスです。

しかし、弟子たちは誰一人そのことを悟りません。

イエスはどれほど孤独だったことでしょうか。

なぜ女を困らせるのか。わたしによい事をしてくれたのだ。

貧しい人たちはいつもあなたがたと一緒にいるが、わたしはいつも一緒にいるわけではない。この女がわたしのからだにこの香油を注いだのは、わたしの葬りの用意をするためである。

よく聞きなさい。全世界のどこででも、この福音が宣べ伝えられるところでは、この女のした事も記念として語られるであろう。

（マタイによる福音書26－10～13）

男は「アタマ」で思考し、女は「ミタマ」で直感します。

イエスがまさに死に向かおうとしていることを、女性は理屈を超えたところで感じられたのでしょう。

イエスは、この世を去って天なる父のみもとに行くべき時がきたのを知って、弟子たちと最後の晩餐をするのですが、そのとき弟子の一人であるイスカリオテのユダは銀貨30枚でイエスを売っていました。これは、家畜一頭の値段です。

イエスは、食事の席から立ち上がって、上着を脱ぎ、手ぬぐいをとって腰に巻くと、水をたらいに入れて弟子たちの足を洗い、腰の手ぬぐいで拭きはじめました。

ペテロは、「先生、そんなことしないでください」と言います。

イエスが答えて、「もし、お前の足を洗わないなら、お前とわたしとは何のかかわりもなくなる」と言うと、ペテロは「それなら先生、足だけでなく、手も頭も洗ってください」と、なんとも間抜けなことを言うのです。

最後の晩餐だというのに、何の緊迫感もないペテロと弟子たちです。

わたしがお前たちにしたことがわかるか。
お前たちがわたしを先生、また主と呼んでいるのは正しい。
その主であるわたしがお前たちの足を洗ったからには、
お前たちもまた、互いに足を洗い合うべきだ。
わたしが手本を示したように、互いに愛し合うのだ。
わたしは、まだしばらくはお前たちと一緒にいるが、
あなたがたはわたしの行く所に来ることはできない。
（ヨハネによる福音書13抜粋）

イエスは、弟子たちにこのように語りました。

「あなたがたは、心を騒がせるな。神を信じ、私を信じよ。
私は天の父の所にお前たちの場所を用意しに行く。
行って、場所の用意ができたら、またきてお前たちを迎えよう。
私は道であり、真理であり、命だ。
だれでも私によらないでは、父のみもとに行くことはできない。

私を見たものは父を見たのだ。
私の名によって願うことは、なんでもかなえよう。

私は平安をあなたがたに与える。
私が与えるのは、世が与えるようなものとは異なる。
お前たちは心を騒がせるな、またおじけるな。
私は去って行くが、またあなたのところに帰って来る。

私の命令を守るなら、お前たちは私の愛のうちにいるのだ。
私が私の父の命令を守ったので、その愛のうちにいるのと同じだ。

これを話すのは、私の喜びがお前たちのうちに宿り、喜びが満ち溢れるためだ。
私の命令とは、私がお前たちを愛したように、お前たちも愛し合いなさい。
人が友のために自分の命を捨てること、これよりも大きい愛はない。
お前たちがこのことを行うなら、お前たちは私の弟子ではなく友だ。

お前たちが私を選んだのではなく、
私がお前たちを選んだのである。

私には、お前たちに言うべきことがまだ多くある、
しかし、お前たちは今はそれに堪えられない。
しばらくすれば、お前たちはもう私を見なくなる。
しかし、またしばらくすれば、私に会えるだろう。

お前たちに言っておく、
お前たちが父に求めるものはなんでも、
私の名によって与えられる。

求めよ、そうすれば与えられるだろう。

お前たちは、この世では悩みがある。

されど雄々しくあれ。

私はすでに世に勝利したのだ」。


語り終えたイエスは、天を見上げて言われました。

「父よ、時がきました。あなたの子があなたの栄光をあらわすように、子の栄光をあらわしてください。今私はみもとに参ります。

そして、世にいる間にこれらのことを語るのは、わたしの喜びが弟子たちのうちに満ち溢れるためです。私は彼らに御言《みこと》を与えましたが、世は彼らを憎みました。私が世のものでないように、彼らも世のものではないからです。私がお願いするのは、彼らを世から取り去ることではなく、彼らを悪しき者から守ってくださることです」。


やがて自分にやってくる過酷な運命を引き受け、死を覚悟しつつも弟子のことを祈るイエスです。

イエスはその後、ケデロンの谷を下り、ゲッセマネで最後の祈りをします。
「あなたこそ神の子です」と言ったペテロは、ついにイエスを裏切るのです。

イエスの祈りとペテロの裏切り

一番弟子としてイエスに愛されたペテロでしたが、イエス・キリストの思いを理解できていたわけではありませんでした。

イエスによる数多くの奇跡を目の当たりにしたペテロは、その都度驚き、イエスを信じました。しかし、ローマカトリック教会の初代教皇とされるほどの聖人ペテロですが、イエスが捕らえられ十字架にかけられるとき、師を見捨てて逃げる弱き裏切り者となってしまったのです。

カトリック教会では、裏切り者はユダだとしていますが、実は12弟子全員がイエスを見捨てて逃げた裏切り者です。

最後の晩餐のときのことです。

イエスは弟子たちに向かって「今夜、あなたがたは皆わたしにつまずくであろう」と言います。旧約聖書ゼカリヤ書13章にある「牧者を撃て、その羊は散る」という預言の成就だとイエスは話すのですが、弟子たちはまるでわかっていません。


ペテロはイエスに言った、「たとい、みんなの者がつまずいても、わたしはつまずきません」。

イエスは言われた、「よくお前に言っておく。今夜、鶏が鳴く前に、お前は三度わたしを知らないと言うだろう」。

ペテロは力を込めて言った、「たといあなたと一緒に死ななければならなくなっても、あなたを知らないなどとは、決して申しません」。

（マルコによる福音書14−29〜31）


最後の晩餐の部屋を出て、城壁の外、ケデロンの谷を越えたところにオリーブ畑があります。そこはオリーブの油を絞る場所という意味の「ゲッセマネ」と呼ばれていました。

イエスは弟子たちを連れてこのゲッセマネに行き、祈りました。

イエスはこのような言葉で3度祈ったと聖書は記しています。

わが父よ、もしできることでしたらどうか、
この杯をわたしから過ぎ去らせてください。
しかし、わたしの思いのままにではなく、
みこころのままになさってください。

（マタイによる福音書26−39）

弟子たちの中で、ペテロとヨハネとヤコブの3人は特別にイエスのそばまでついていっています。しかし、イエスの祈りの間、3人は眠っていました。

1度目は叱ります。
2度目に祈ったときも寝ていましたが、何も言いません。
3度目には、「もういい、時がきた」と言われました。
私は、エルサレムのゲッセマネをこれまで20回以上訪ねています。

そして、オリーブの油を絞るオリーブ園で、こんな話を聞かされました。

オリーブの実は、すり潰すと自然に油がポタポタ滴《したた》ります。

バージンオイルといって、化粧品などに使われる高品質な油です。

次に圧をかけて絞ると出てくる油が、食用に使うオリーブオイルになります。そして、３度目に種まで砕くようにして絞り出す油は、オイルランプに使うのだそうです。

イエスのゲッセマネの祈りも、最後は魂を砕き絞り出すようなものだったに違いありません。

「苦い杯を取り除いて欲しい」というのは、イエスの死を恐れる一人の人間としての弱さを表すのだという人がありました。それを乗り越えて、覚悟を決める場面だと……。

私は、ゲッセマネでのイエスの本当の心を感じようと、オリーブ園で静かに風に吹かれたことがあります。

そのとき心に聞こえてきたのは、「主よ、私はあなたの御声に従います。しかし、弟子がまだ育っておりません。いましばらく教育の時間をいただけないでしょうか」という、イエスの悲痛な叫びでした。わが事で苦しんでおられたのではないのだと感じました。

その祈りも虚しく、眠っている弟子たちを見たときのイエスの気持ちはどのようなものだったでしょう。

1度目は叱りますが、2度目にまた寝ている弟子たちには声をかけず、そのままにして3度目の祈りに向かうイエス・キリストです。まさに、すべてを砕きランプを灯すための油を絞るオリーブのようにイエスは魂を砕き祈ったのでしょう。

こうしてゲッセマネの祈りを終え、イエスは真っ直ぐに十字架へと向かってゆきます。

時がきたのです。

「人、友のために命を捨てる。それより大きな愛はない」と言ったイエスは、そのことを成し遂げるために立ち上がります。

そこへユダに導かれたローマ兵がやってきました。

ペテロは、剣を抜いてローマ兵に斬りかかり、一人の耳を削ぎ落としますが、イエスは「剣をおさめよ、剣をとる者はみな、剣で滅びる」と言って叱ります。


そして、弟子たちは皆イエスを見捨てて逃げ去った。

（マタイによる福音書26‐56）


裏切り者はユダだけではありません。

弟子は全員、イエスを裏切って逃げたのです。

ただ、一度は逃げたものの、ペテロはイエスが捕えられているところに戻ります。


ペテロは遠くからついて行った。人々は中庭の真ん中に火を焚いて、一緒に座っていたので、ペテロもその中にすわった。

すると、ある女中が、彼が火のそばに座っているのを見、彼をみつめて、「この人もイエスと一緒にいました」と言った。ペテロはそれを打ち消して、「私はその人を知らない」と言った。

しばらくして、ほかの人がペテロを見て言った、「あなたもあの仲間のひとりだ」。す

ると ペテロは言った、「いや、それはちがう」

約一時間たってから、またほかの者が言い張った、「たしかにこの人もイエスと一緒だった。この人もガリラヤ人なのだから」。ペテロは言った、「あなたの言っていることは、わたしにわからない」。

すると、彼がまだ言い終わらぬうちに、たちまち鶏が鳴いた。

主は振り向いてペテロを見つめられた。

そのときペテロは、「きょう、鶏が鳴く前に、3度わたしを知らないと言うであろう」と言われた主のお言葉を思い出した。

そして外へ出て、激しく泣いた。


（ルカによる福音書22‐54〜62）

ペテロは、我が身の保全と他の弟子たちを守るためにイエスを捨てたのでした。

愛による変容

聖書には「愛」という文字が無数に書かれています。

イエスは常に「愛」という言葉を口にし続けました。

律法の中で一番大切な戒めはなにかと尋ねられたときには、「心をつくし、精神をつくして、主なるあなたの神を愛せよ」これが一番大切であると説きました。

さらに、二番目は「自分を愛するようにあなたの隣人を愛せよ」であると即座に答えているのです。

それでは、「愛」とはいったいどんなものなのでしょうか？

実は、聖書に書かれている「愛」を日本人が理解することは、とても難しいのです。

なぜなら、一口に「愛」といっても、ギリシャ語で書かれた新約聖書には、日本語訳される際に「愛」とされた表現が4種類もあるからです。

原文の聖書では、愛欲、性愛、好き嫌い、そういった本能や感情によるものを「エロス」と呼んでいます。

夫婦愛、兄弟愛、師弟愛、友愛といった心情は「フィロス」と書かかれています。

自分にとって大切なものを慈しむ感情のことと言ってよいでしょうか。

その次にある「愛」とは「ストロゲー」、奉仕の心や、見返りを求めない母性愛の次元のものです。


そして、イエスが「愛」と呼ぶのは「アガペー」、無条件、無差別、無制限、一方的、まさに太陽の光が誰にでも降り注ぐかのような無償の愛の世界なのです。


最後の晩餐の時、イエスは「わたしはエルサレムで死ぬ運命にあるが、蘇って先にガリラヤに行く」とペテロに言いました。

そして、イエスが十字架にかけられた後、失意の中故郷のガリラヤ湖畔に戻ったペテロの前に、なんと約束どおりイエスが現れたのです。


ガリラヤ湖畔のペテロ再召命の場所に立つとき、私には聖書には書かれていないこんな情景が見えてきます。

現れたイエスは、ペテロに「アガペー」の愛でお前も私を愛してくれるか？と質問します。「私がお前を愛するように、お前も私を愛しているのか？」と。

しかし、ペテロは顔を上げることもできなかったことでしょう。最も大切な時に、先生を見捨てて逃げてしまったのですから。

「……私が先生を好きなのは、先生がご存じでしょう」

そう言うのが精一杯だったに違いありません。

そんなペテロにイエスは、「私の弟子の面倒を、お前がみてくれ」と願うのです。

そして再び、同じように質問します。

「私が愛しているように、お前は私を愛してくれているのか？」と。

ペテロは下を向いたまま、同じように答えます。

ついにイエスは、うつむいているペテロの足元に寝そべって、ペテロの目を下から覗き込んで三度「ペテロ！お前は私が好きか？」と聞きました。

イエスのことを三度知らないと言ってしまったその言葉を溶かすように、イエスはペテロに三度尋ねたのです。

「アガペーの愛がわからなくてもいい、フィロスでもストロゲーでも、エロスでもいい、私はお前が大好きだよ」と、天から再び降りてきて寄り添うイエスの愛の深さにペテロは号泣したのでした。

イスラエルの旅の中で、私は必ずこの場所を訪ね、ペテロの物語を話し、イエスの愛の深さを体感してもらいます。

ありありとイエスの臨在を感じられる、そんなイスラエルの旅を通して、一人ひとりに聖書が近づいてくる瞬間です。

一切叱らず、裁かず、愛の中に包み込んだイエスの愛を、ペテロは全身全霊で受け止めました。

イエスはそんなペテロに、「かねてから約束している天からの霊を降ろすので、エルサレムにとどまっていなさい」と伝え、弟子たちを集めて、再び最後の晩餐の部屋で祈り続けます。すると10日後、そこに天からの霊が降り、ここから使徒たちの新しい歩みが始まるのです。

その後の使徒たちの働きは、聖書の「使徒行伝」に書かれています。

ペテロはイエスのように語り、イエスのように奇跡を起こしてゆきます。

もはや、彼が生きるにあらず、彼の中に生きるイエス・キリストが彼を生かしているように、ペテロは生涯イエス・キリストを伝え続けます。

時のローマ皇帝は、暴君と名高いネロ。

イエス・キリストの教えを大切にするものが徹底的に迫害される中にあっても、ペテロは火のような命がけの伝道を続けました。

師匠を裏切って逃げたペテロが、変容をとげる。

聖霊の愛によって人は変えられてゆく。

イエスの弟子たちが、いまも私たちに伝えてくれる一筋の光、たしかな希望です。

第5章　イエスが本当に伝えたかったこと

死海文書に隠された秘密

イスラエルは日本の四国ほどの小さな国土です。

ペルシャやギリシャ、エジプトから支配されてきましたが、イエスの時代はローマの支配下にありました。

外国から支配されても、ユダヤ人はユダヤ教の信仰を守り続けました。そして、いつの日か、創造主が救い主（メシア）を送り、イスラエルの王国を取り戻すという希望を持ち続けてきたのでした。


ユダヤ人は生まれながらにしてユダヤ教の契約の民ですから、幼い頃から聖書を学び、血肉になるまでトーラー（律法）を読み込んで行きます。

また、男子は生後7日目に割礼《かつれい》をし、神との契約のしるしを肉体にも刻みます。男性器の先の皮を切り、ユダヤ人である証拠とするのです。


かつて、私は割礼の式に立ち会ったことがあります。

赤ちゃんの口にワインを湿した綿をつけ、ラビ（ユダヤ教の司祭）がハサミでおちんちんの皮をちょん切るのですから、それは痛いことでしょう。火が付いたように泣く赤ちゃんを見ながら、ユダヤ人に生まれなかったことに心の底から感謝したものです。

ところで、ローマの支配下にあったイスラエルにあって、ユダヤ教の教派はさまざまに分かれていました。

上流階級で組織され、エルサレムの神殿を管理する特権を握っているサドカイ派。律法の解釈に明け暮れて、人々の暮らしと乖離《かいり》してゆく律法原理主義のパリサイ派。この二つがユダヤ教の主流派でした。

また、これらの主流派に反発して独自の信仰を深めていったのが、サマリヤ人と呼ばれる人々です。彼らはユダヤ人と相いれず、エルサレムの神殿を崇めませんでした。サマリヤはユダヤ人が足を踏み入れることのない、被差別部落のようなところだったと聖書には書かれています。

そして、実はもう一つ、新約聖書に一言も書かれていない一派が存在していました。

ユダヤ教の主流派から追いやられた、エッセネ派が集団生活をしていたクムランの教団です。


イスラエルの旅で必ず訪ねる死海。

海抜マイナス419メートルの塩の海です。

生命の気配のない荒涼とした砂漠が続く、旧約聖書の舞台です。


そこに、クムランの遺跡があります。

ユダヤ教エッセネ派の人々が集団生活をしていた場所です。

ちょうど、イエス・キリストが地上を歩いた頃の遺跡です。

私は荒野を旅し、クムランや周辺の景色の中にたたずむ度に、この地で集団生活をして、メシアを待ち望んだエッセネ派の人々のことを思うのです。


クムラン教団の存在が明らかになったのは、1947年に死海のほとりの洞窟で、エッセネ派の残した聖書の写本「死海文書」が発見されたからです。

20世紀最大の……いや、人類史上最大の奇跡とされる死海文書の発見。死海文書が発見されたことが奇跡なのではなく、２０００年もの間隠されていたことが奇跡なのです。

しかも、その発見がイスラエルの建国前年であったことは、まさに神の御業としか思えません。

ところが、この死海文書をローマカトリック教会はなぜか必死に隠すのです。


遊牧民ベドウィンの少年が、いなくなった一匹の羊を探していました。

荒野の崖の途中にある洞窟に逃げ込んだのかと思い、登ってみたものの日が暮れかけていて、中がよく見えません。

そこで、石を拾って洞窟の中に投げてみると、「パリーン」と何かが割れる音がするではありませんか。


怖くなった少年は、その日はそのまま家に帰り、夜が明けてからふたたび洞窟に入ってみました。すると、奥の方に壺が並んでいて、石が当たって割れた壺の中に巻物が見えました。開いてみると文字が並んでいます。

字の読めないベドウィンの少年は、「ひょっとすると、これは値打ちのあるものかもしれない」と思い、市場に持って行ったのです。

この巻物がイエスが生きていた時代に書かれた写本だとわかったのは、それからしばらく経ってからのことです。

いくつもの洞窟から、壺に入った巻物が取り出され研究されました。羊のなめし皮に墨で一文字一文字、エッセネ派の人々が、祈りながら書き写した聖書です。

旧約聖書のイザヤ書全巻が見つかりました。

現在ヘブライ語で読まれているイザヤ書と、一字一句違っていません。

驚くべきことです。

また、死海文書には、聖書には載っていない「戦いの巻物」「光の子と闇の子の戦いの巻物」があります。

それらには、クムラン教団が戦いによって、ローマに魂を売ったエルサレム主流派のユダヤ教からユダヤの魂を取り戻し、神が願う正しいユダヤ教を実現すると書かれています。そして、彼らが指導者となり世界がユダヤ民族に降伏するとあるのです。エッセネ派は、生活は質素で敬虔なユダヤ教徒であり平和主義者でしたが、願うことは「神の国」を地上に実現することだったのです。

クムラン教団の死海文書に書かれているのは、エッセネ派が求める「メシア」は地上の支配者であるということでした。

神は裁くものと捉えられており、弱きもの、罪人を救うという考えはありません。エッセネ派同士の愛については書かれていましたが、無条件、無差別の愛については一切記されていませんでした。

発掘が進むにつれ、彼らの生活がどれほど清らかで敬虔なものであったかということが明らかになってきました。

彼らの教団があった修道場のあとが発掘された時、そこに洗礼を授けるための浴槽が見つかっています。

実は「洗礼」という儀式は、パリサイ派にもサドカイ派にもありません。

クムランのエッセネ派の儀式だったのです。

どうやら、洗礼者ヨハネはエッセネ派の一人だったようです。

洗礼者ヨハネは、エッセネ派の一員として信仰を学び、ヨハネ教団を率いていたと思われます。やがて来る「メシア」を待ち望んで、その道を備えることが自分の使命だと信じ、荒野を流れるヨルダン川で「悔い改めよ」と叫び、人々に洗礼を授け続けたのです。

待ち焦がれていた預言者がついに現れたという情報は、ユダヤ全土に広がってゆきました。ユダヤ人であれば誰もが知っているイザヤ書の言葉を思い浮かべたはずです。

呼ばわる者の声がする、「荒野に主の道を備え、さばくに、われわれの神のために、大路をまっすぐにせよ」。

（イザヤ書40－3）

その言葉通りに荒野に姿を現した預言者ヨハネを、ユダヤの民がどんな気持ちで迎えたのかは想像に難くありません。

そして、そのヨハネが次にやってくるメシアを預言したのですからイスラエルは熱狂しました。これから出現するという神の国に入るため、人々は続々とヨハネのところに行って洗礼を受けました。

その声を聞き、イエスは家族を捨て、家を出て、荒野に向かったのです。

イエスは、洗礼者ヨハネからヨルダン川で洗礼を受けました。

そして、ヨハネの教団に入ったのでしょう。

もちろん、これらのことは新約聖書には一切書かれていません。

現地で私の魂が感じた風景です。

人の子イエスに寄り添う

「神の国が近づいている。悔い改めよ、悔い改めよ」と叫ぶヨハネの声は、エルサレムはもちろんイスラエル全土に響き渡ったに違いありません。

そして、その声はもちろん、ガリラヤの田舎町ナザレにも届いたことでしょう。

イエスはヨルダン川で洗礼者ヨハネに洗礼を授けてもらい、荒野で40日40夜、断食をし、悪魔の試みを受けたと聖書には書かれています。

しかし、クムラン教団やエッセネ派についてはまったく書かれていない新約聖書には、イエスが荒野に向かった理由は一切記されていません。

イエスは神を信じる強い信仰の持ち主でしたが、パリサイ派やサドカイ派といったユダヤ教主流派のあり方には疑問を持っていました。

その魂は飢え渇いていたことでしょう。

イエスが自分の来るべき運命をどのくらい自覚していたのかということは、聖書には書かれていません。しかし、荒野で叫ぶ洗礼者ヨハネの声に、イエスは何かを感じたのです。そして、すべてを捨てて、新しい道を歩き出すという決心をしました。

貧しい家で、働き盛りの大黒柱がいなくなるのですから、家族が賛同したとは思えません。マルコによる福音書3章には、「身内のものたちはイエスを気が狂っているとして軽蔑していた」とはっきり書かれています。

イエスは、洗礼者ヨハネから洗礼を受けた後、彼らのグループに入ったと思われます。すなわちエッセネ派で修行したのです。

それが聖書に書かれている40日の荒野での断食のことだと私は感じます。

人の子イエス。

彼の33年間の生涯を知ることは、とても大切なことだと思います。

私が知りたいのは神として崇められる存在ではなく、世界を変えた一人のユダヤ人のことです。聖書を学び、聖書の向こう側から吹いてくる風を感じたいのです。

ところで、イエス・キリストは架空の人物だという人がいます。

紀元前２００年頃から紀元75年頃までのユダヤの歴史が詳細に記されたヨセフス・フラビウスの『ユダヤ戦記』。イエスが十字架にかけられた後40年ほどして起こった「マサダの悲劇」について詳細に書かれているとお伝えしましたね。

ところが、この『ユダヤ戦記』には、イエスのことが一切書かれていないのです。

しかし、この事実が示すことは、イエスが存在しなかったということではなく、イエスの歩んだ伝道の道が、当時のユダヤ人たちにとって歴史に関わるような重要な出来事ではなかったということだと私は思うのです。

田舎から出てきた一人の男が小さな新興宗教を起こし、主流派に煙たがられて処刑されたに過ぎなかったのでしょう。

新約聖書はイエスの死後約３００年たってようやく完成したものです。イエスをキリスト教の教祖にするために書かれたといってもよいでしょう。そのすべてを「事実」として信じようとすれば、それは「宗教」になります。

私はかつて12年間、専門家から聖書を学びました。毎日早朝6時から1時間、聖書を読むという生活を数年間続けました。ところが、聖書は読めば読むほど矛盾が生まれます。

新約聖書の福音書の中には、同じ話なのになぜか時系列がバラバラになっているものがいくつもあります。

また、直接の弟子ではないマルコやルカはイエスのことを知らないはずですし、弟子たちにしてもイエスが生まれたときのことなど知るはずもないのに、まるで見てきたように書いています。

けれど、イスラエルを30回訪ね、現地で聖書を読んでゆくうちに、足の裏から聖書が入ってくるようになりました。

宗教の枠を外すと、日本人の体形に少し合わなかった洋服がフィットするように、聖書が日本人である私の心に馴染んできました。

そうして感じられるようになった真実、見えてきた風景を伝えてゆくのが、私のライフワークなのです。

神は愛なり

エッセネ派は、ユダヤ教の主流派から追われて、地の果てのような死海のほとりでメシアを待ち望み、禁欲と祈りの生活を送る孤独な集団でした。

マサダの戦いを書き記したローマの歴史家、ヨセフ・フラビウスは、「死海の西にエッセネ派が住んでいる。彼らは孤立して世界で最も変わった人々である。女性はおらず、金銭は持たず、なつめやしを常食としている」と書いています。

洗礼者ヨハネ教団に入ったイエスは問いました。

ユダヤ教主流派を激しく責めるヨハネには共感するが、神とは人が犯した罪への怒りと裁きの存在なのだろうか。

世界の終わりと最後の審判を背景に、人を呪い、罰するものなのだろうか。
それが本当の神の姿だろうか……。

イエスは荒野で自分の内側に問いました。

旧約聖書の世界では、神は父のような強い存在として預言者にあらわれます。ノア、アブラハム、イサク、ヤコブ、モーセ、……、彼らが伝えた神は、怒りと裁きと罰の存在です。旧約聖書にあらわれる神は、情け容赦なく、己に従わぬ町を滅ぼします。

らくだの毛皮を着て、腰に皮の帯をしめ、いなごと野蜜（なつめやしと思われる）とを食べ物にしていたヨハネは、こう叫びました。

まむしの子らよ、おって迫ってきている神の怒りから、お前たちは逃れられると誰が教えたのか。だから、悔い改めにふさわしい実を結べ。
自分たちの父にはアブラハムがあるなどと、心の中で思ってもみるな。お前たちに言っておく、神はこれらの石ころからでも、アブラハムの子を起こすことができるのだ。

斧がすでに木の根元に置かれている。だから、良い実を結ばない木はことごとく切られて、火の中に投げ込まれるのだ。

私は悔い改めのために、水でお前たちにバプテスマを授けている。しかし、わたしのあとから来る人は私より力のあるかたで、私はそのくつをぬがせてあげる値うちもない。このかたは、聖霊と火とによってお前たちにバプテスマをお授けになるであろう。

（マタイによる福音書３‐７〜11）


イエスは、ナザレの小さな町で暮らす人々を知っていました。

人間の苦しみや弱さも知っていました。

病に苦しむ人たちの嘆きも知っていました。


立派な家に住み、権力をふるう宗教家、律法学者がいう神。

また、それに対決するように挑むヨハネが叫ぶ怒り荒ぶる神。


ガリラヤの風が吹くナザレは、水に恵まれた緑豊かな場所です。

シクラメンもチューリップもイスラエルが原種です。

春には風薫るナザレ、花咲くガリラヤでイエスは育ちました。
人間の弱さも知っておられる神は、怒り、裁き、罰するだけの存在ではないとイエスは直感しました。
イエスの中にも、まだ神の姿は明確ではなかったでしょうが、荒野で満点の星空を見上げながら、胸の奥から湧き上がるあたたかな思いを感じていたことでしょう。

「神は愛なり」

やがて、イエスはガリラヤ湖畔に現れ、人々に旧約聖書の神の姿ではない、やさしい母のような神を伝えてゆくことなります。

一方、荒野でのイエスの修行は厳しいものでした。
ユダヤの砂漠の中でも最も荒涼とした、生命の感じられない乾ききった死の世界とも思えるような地での暮らしは、孤独そのものでした。

さて、イエスは御霊によって荒野に導かれた。悪魔に試みられるためである。そして40日40夜、断食をし、そののち空腹になられた。すると試みるものが来て言った、「もしあなたが神の子であるなら、これらの石がパンになるように命じてごらんなさい」。イエスは答えて言われた、『人はパンだけで生きるものではなく、神の口から出る一つ一つの言で生きるものである』と書いてある」。

（マタイによる福音書4 - 3・4）

聖書で有名なサタンの誘惑の場面はこのときのことでしょう。現地はエッセネ派のクムラン教団のすぐ近くです。

私は、このサタンの誘惑をクムラン教団からのイエスに対する誘いだと感じます。

教団指導者たちは、ヨハネのグループに新しく入ったイエスに目をつけました。ヨハネほどの人物が「神の子」と呼ぶほどの霊的なオーラを放ち、たくましい肉体を持ち、真摯に修行に励むイエスを、エッセネ派のリーダーにしたいと思っても不思議はありません。指導者たちは、イエスを真剣にスカウトしたのでしょう。

パンとは、この地上での豊かな生活の象徴です。

どんな言葉よりも、この世の豊かさを人々は求めているのだから、イスラエルの支配者になって、民衆を救おうと言いました。

このサタンの誘惑こそ、エッセネ派、クムラン教団の考えでした。クムラン教団がエルサレムの神殿をサドカイ派やパリサイ派から奪回し、権力をもったときに、イエスにも権威と栄光と栄華を与えるから仲間になれと迫ったのです。

これらの誘いにイエスは、「主なるあなたの神を拝し、ただ神にのみ仕えよ」「主なるあなたの神を試みてはならない」と、聖書の言葉をもって断りました。

この世の成功を否定はしないけれど、イエスは自分の進むべき道に気づいたのです。

旧約聖書の預言者が伝えた神に欠けていたものが見つかったのです。

エッセネ派の考え方に同化できない自分を発見したのです。

死海のそばに住み、荒野に挑む人々は、厳しさに耐えてきました。エッセネ派は悔い改めと神の裁きを教えましたが、「神は愛」であることは語りませんでした。

荒野にあって、イエスはガリラヤの春を思ったことでしょう。

神はただ怒るのか、神はただ罰するのか、裁くために神はあるのか、とイエスは問い続け、ついに「神は愛」であることを悟るのです。

そして、神の愛を伝えるという、誰も成し遂げたことのない道を歩み始めるのです。

それこそが、神との新しい聖なる約束の始まりです。

イエスが歩き始めた人類未踏の境地、その新しい約束の足跡が書き記されたのが「新約聖書」です。

宗教の枠を外して聖書を読むとき、あなたの心にもその約束が、響いてくるはずです。

十字架と変容の始まり

イエスは、故郷ナザレから捨てられ、大勢の弟子たちから見捨てられ、そして、愛し続けた12人の使徒からも裏切られ捨てられました。

そしてただ一人、十字架に向かってゆきます。

当時のイスラエルはローマの属国であったため、自治権は認められていませんでした。そのため、どのような罪人であっても、ローマが判決を下さない限り刑を処すことはできません。

ローマの総督ピラトはイエスに罪を見つけられず、鞭で打って釈放しようとするのですが、ユダヤの群衆は「イエスを十字架にかけよ！」と騒ぎ立てます。

わずか数日前に、エルサレムに上ってきたイエスを「イスラエルの王様」と褒め称えた人々が「殺せ」と叫ぶ……これが人間なのです。

そのうえ群衆はなんと「イエスの血の責任は、われわれとわれわれの子孫の上にかかってもよい」と言いました。

ユダヤ民族が、キリスト教会から憎まれる理由のひとつがここにあります。

私はかつて、ポーランドの強制収容所アウシュヴィッツを訪ねました。

そこで数百万人のユダヤ人が虐殺されていった証拠の山を目の当たりにしたとき、人間の持つ残虐さに心の底から震え上がりました。いえ、人間と言うよりも私自身の中にある残虐さを見つめさせられたと言った方が良いかもしれません。

貨物列車で連れてこられたユダヤ人の85％はそのままガス室へ直行です。ガス室までの４００メートルの道のりの途中にある林でカバンを置いて、服を脱がされて、シャワーを浴びるように命じられます。

外で服を脱がされて素っ裸で１００メートルも歩いてシャワー室に入るのも不自然ですが、それを誘導するのもユダヤ人でした。上手に連れて行ったのでしょう。

ガス室の天井にはシャワーがつけられていますが、そこから水が出ることはありません。チクロンBというシラミ駆除の殺虫剤がガスになって出てきます。

青酸ガスのように即死しません。

満員列車のように詰め込まれた部屋に殺虫剤が充満し、窒息するのに数十分かかったそうです。苦しみの中、爪で引っ掻かれたあとが無数に残るガス室に私は立ち尽くし、涙が止まりませんでした。

ガス室の中で死に絶えたユダヤ人を運び出して、焼却炉に入れるのも、焼いた後の骨を砕いて撒くのもユダヤ人の仕事でした。

もし、その役割を断れば自分がガス室に入ることになります。

また、「ユダヤ人は害虫だ」と教育されたドイツ兵たちは、ゴキブリを殺すような感覚で殺人をしていたのだということもわかりました。

収容所を建設したのはナチスドイツですが、ホロコーストは、ナチスドイツが行ったというより、街角の一人ひとりの声が生み出したのだと感じました。

私がナチスの兵隊だったらユダヤ人を助けたでしょうか。

私がガス室へ同胞を導けと言われたら、殺されるのを承知で断ることができたでしょうか……。

イエスを十字架にかけて殺せと叫ぶ人々は、一体何を考えていたのでしょう。

何も知らない大勢の声が世の中を動かしてゆくとき、本当のことを聞き、その小さき声に従うのは容易なことではありません。

聖書を読むとき、多くの人は自分が救い主になったかのごとく、イエスの目線で感情移入します。

しかしながら、人の心は弱いものです。

だからこそ、逃げた弱いペテロに私は自分を発見します。

どんなにすばらしい教えを受けて、知識を持っていても、たくさんの奇跡を目の当たりにしても、自分の身に危険が迫ったら逃げたペテロが私自身に重なるのです。

イエスは、一言も弁明することなく、命乞いすることもなく十字架を背負い、処刑場であるゴルゴダの丘へと向かってゆきます。

そして、弟子たちのために言うのです。

「父よ、彼らをゆるしてください。彼らは何をしているのかわからずにいるのです」と。

丸裸にされ、十字架に釘打たれ、血まみれになってみじめに死んでいったイエスという師匠は、死の淵にあってなお弟子たちを愛し抜き、彼らのために祈り続けました。

許されない裏切りを憎むどころか、許し、愛しているという師の言葉がペテロに届いたとき、弟子たちの魂の変容が始まります。

民衆の心

聖書は、どんなに時が流れても、どんなに時代が変わっても、決して変わらない本当のことがあるということを教えてくれます。

小さなロバに乗って、預言の成就を高らかに宣言したイエスを「ダビデの子にホサナ（ユダヤの王様バンザイ！）」と、民衆はエルサレムに迎え入れました。ところが、町中が沸き立ったそのたった数日後に、彼らの口は「イエスを十字架にかけて殺せ」と言うのでした。

民意を尊重すると、とても面倒なことになるのです。思考と感情で動く大勢の人の声が、人類の歴史の中でとんでもない問題を数多く引き起こしています。

民衆の声というのは、思考と感情から出てくるもので、決してビジョンや使命感から発せられることはないのです。

多くの場合、強力なリーダーシップをもつ独裁者が世の中を悪くしたのではないと思います。

民主主義がヒトラーを生んだのです。アウシュヴィッツは、ヒトラー一人が為したことではなく、民衆の声が生み出したものだと、私は考えています。

イエス・キリストは民意によって殺されました。

ユダヤはローマ帝国の属国であり、総督ピラトが統治していました。

ユダヤの過越の祭りのときに、犯罪人を一人赦免するという習わしがありました。ピラトの前に二人の罪人が引っ立てられ、どちらを選ぶか迫られました。

一人は、盗賊の頭バラバ。

もう一人がイエスでした。

バラバは革命を企み、人殺しもやったであろう（ローマから見れば）過激なテロリスト。

かたやイエスは、町の人々から歓声を浴びて都に入った若者です。罪を犯すどころか、病人や辛い人たちを癒してきたのです。

ただ、ユダヤの律法学者や宗教家たちは、従来のユダヤ教の戒律を乱す新興宗教の教祖としてイエスを憎みました。

イエスは、革命的な教えにより、保守的なパリサイ派やサドカイ派の怒りを買い、訴えられていたのです。

総督ピラトには、ローマの法律によって裁き、判決を下す義務がありました。

破壊も、盗みも、殺人も、政治活動もしていないイエスを死刑に処することはできません。しかし、イエスを助けることでユダヤ教徒の反発を買って、それが反ローマの暴動にでもなれば、責任はピラトにかかってきます。

所詮出先機関のトップに過ぎないのですから、出世の妨げになるような汚点は残したくありません。それが役人根性です。

そこで彼が決めたのは、住民に決めさせようということでした。

民意に丸投げしたのです。

群衆の前で手を洗い、「この人の血には、わたしには責任がない。お前たちが自分で始末するがよい」。

すると、民衆全体が答えて言った、「その血の責任は、われわれとわれわれの子孫の上にかかってもよい」。

そこで、ピラトはバラバをゆるしてやりイエスをむち打ったのち、十字架につけるために引き渡した。

（マタイによる福音書27‐24〜26）

では、「十字架につけろ」と叫び続けたユダヤ人たちは、本心からイエスを殺したかったのでしょうか。彼らにそれをさせた理由は何だったのでしょうか。

ある政治家が、市民投票についてこのように述べていました。

票を投ずる3分の1はその提案に賛成な人たち。

他の3分の1は反対な人たち。

結果を決めるのは残りの3分の1の人たちなのですが、彼らは提案されていることについての賛否ではなく、提案した人への好き嫌いの感情で投票するのだと……。

余談になりますが、憲法改正にも国民投票が必要です。

民意に聞くということがどれだけ危険なことなのか、考えてみるべきでしょう。

国民投票をするということは、選挙で選ばれて政治を託された国会議員が、ピラトのように「お前たちが決めてくれ」と丸投げしているに過ぎないのです。

まさに、代議制民主主義の放棄です。国民投票に政治生命を懸けるという政治家は、これからピラトと呼んだ方がいいのかもしれませんね。


民意なる危険な感情に振り回されることなく、大局を見定めて国家のかじ取りをしてくれるリーダーが今ほど必要なときはありません。

そして、そのようなリーダーを育み、選び、ともに歩める私たちであることが、何より大切です。


だから、私たちはユダヤに、聖書に学ぶのです。


イスラエル建国の時、民意に聞いていたらどうなったでしょうか。

当時は「アラブ諸国と戦える力をつけてから……」という気運が高かったのも事実です。

しかし、ダビッド・ベングリオンは、「Now or Never!（今か、さもなければ二度とないかだ！）」と言って、建国を宣言したのでした。

民意という幻想から目を覚ませと、聖書は教えます。

キリスト意識に目覚める

２０００年前のイスラエル、男性性のカタマリのようなユダヤの社会の中で、イエスは「怒り、裁く神。その神に従う宗教などで人は救われない」と、ユダヤ教に「ＮＯ！」を突き付けました。

そして、「神は愛だ」と説いたのです。

神の愛は、一方的です。

だから、何の見返りも求めません。

神の愛は、無条件です。

だから、信じなくても愛されます。

神の愛は、無差別です。

そして、神の愛は、無制限です。


人間が作った戒律に都合が悪いと思った宗教家たちは、民意を巧みに利用して、イエスを殺しました。


そんなイエスの教えを弟子たちは新しい宗教にしました。

新しい約束だから、「新約」と呼び、それまでの聖書を「旧約」と呼ぶことにしたのです。

「偶像崇拝してはならない」とか、「豚肉を食べてはならない」といったユダヤの聖典をことごとく無視した新しい聖書を作って、その宗教を世界に広めたのでした。

「キリスト教」と呼ばれるその宗教は、白人にとって都合の良い教えとなって広まってゆきましたが、やはり人間の作った決め事によって人々を裁くようになりました。

イエスが説いた「神の愛」とは似ても似つかないその宗教は、西洋文明と結びついて肥大化し、やがて世界宗教となってゆきました。

「神の愛」とは、陽の光のように遍《あまね》く降り注ぐものです。無条件で一方的で無差別なのです。

ところが、キリスト教の唯一の神は絶対であり、それを信じたものは救われるが、信じない者は地獄に落ちると教えます。


イエスがイスラエルに暮らした時代、ローマは世界の中心ともいえるほどの強大な力をもっていました。

キリスト教という新興宗教は、ユダヤ教の国イスラエルでは広まらず、やがてローマに伝わります。イエスの弟子たちは、ことごとく殺されてゆきます。キリスト教ではこれを「殉教」と呼び、教えのために死ぬことは良いことだというふうに捉えられるようになるのです。

いま、私は思います。

戦争で殺すことも殺されることも良くないのと同じように、宗教で殺すことも殺されることも決して良いことではありません。

私たちは、殺し合うために生まれてきたのではありません。

私たちは、生きるために生まれてきたのです。

イエス・キリストが生まれたのに、世界は平和になっていません。

それどころか、キリストの名によってどれだけの血が流され、人の命が奪われたのかと思うとき、宗教さえなければ世界の人たちは平和に暮らせるのにと思わずにはいられないのです。

2007年、エルサレムの「園の墓」という、イエス・キリストが葬られたとされる古いユダヤ人の墓を訪ねました。

そこが本当のイエスの墓かどうかはわかりません。

ただ、「聖墳墓教会《せいふんぼ》」と呼ばれる、ギリシャ正教の管理するキリストの墓は、世界中からやってくるクリスチャンや観光客で、まるで通勤電車の中のようにごった返していて、イエスの想いに心を寄せて、静かに祈りを捧げることは難しいのです。

「園の墓」は、人も少なく、清浄な祈りの空気に満ちています。

私はその雰囲気が好きで、エルサレムで時間に余裕があるときには、「園の墓」を訪れ、祈りの時間を持つことにしているのですが、その日は不思議なほど静かで、一人きりで祈るのにちょうど良いと感じられました。

イエスが葬られたのは、このような場所だったのだろうと思われる石の洞窟の前に跪いて、心静かに手を合わせていたときのことです。

誰もいないはずなのに、私の背後に誰かが立っている気配がしました。

手を合わせている右側の腋《わき》から後ろを覗き込むと、立っている人の足元が見えました。

裸足で、木の蔓のようなもので編んだサンダルを履いていました。

その瞬間、私の全身に電気が走り、そこに立っている人がイエスだとわかったのです。

振り返りたいのに振り向けない。
前を向いて手を合わせているうちに、だんだん頭が地面のほうに下がってゆきます。
まるで目に見えない力で地面に押し付けられてゆくかのように。

右側の後ろにその人の気配は強く感じられたままです。

突然、声が聞こえました。

「私は、あなたを知っている」。

そこからのやりとりはこんなふうでした。

「本当ですか?　それは、生まれてからずっとですか?」

「いや、違う。あなたが生まれる前から知っている」。

涙があふれました。

地面に突っ伏したまま私は聞きました。

「私が死にそうだったとき、助けてくださったのはあなたですか？」

「それは違う。あなたがあなたをあきらめなかったのだ」。

でも、きっとその時にも注ぎ続けてくださったに違いないその愛に、感謝が湧きあがってどうしようもなくなった私は、こう言いました。

「あなたのお役に立ちたいです。あなたにお返しがしたいのです」。

「その必要はない。そして、それは不可能だ。

私は一方的にあなたを愛しているから」。

一方的に愛されるということを知らなかった私は、その瞬間今まで感じたことのないあたたかさに大きく包み込まれるような気持ちになりました。


私のことを知っていてくれた。

私のことを愛してくださっていた。

私が知る前から、ずっと……。


「どうして私を愛してくださるのですか?」


「I love you. Because you are you.」

あなたがあなただから、愛するのです。


声はそこで聞こえなくなりました。

私は、生きていることのなつかしさと愛おしさに胸がいっぱいになり、地面に涙の水たまりができるほど泣きました。

それまで条件付きの「愛のようなもの」しか知らなかった私が、無条件の愛に触れた瞬間でした。

イエスが伝えたことは、「あなたはあなたのままで大丈夫」というシンプルな真理でした。その愛は「信じれば救われる」という条件付きの宗教の世界には収まりません。信じる前に信じられていたという喜びは、宗教の遠く外側にありました。

この嬉しく満たされた気持ちが、私の信仰の根っこです。

そして私は、変えられてゆきました。

争うことはもともと好きではありませんでしたが、地位や名誉、名声を得るために競うことに関心がなくなりました。

「目標」や「夢」を設定して、それを追いかける考えが消えてゆきました。

聖者や悟り人に対する憧れがなくなり、「良い人」でいるふりもしなくてよくなりました。格好をつけなくても、そのままの自分で良いと思え、弱さや欠点をさらすことに抵抗がなくなりました。

美しい物語に興味がなくなりました。

不思議議を詮索せず見えない世界の虜にならず、出来事や現象が「在る」ことを素直に認めると、善し悪しの判断が不要になりました。

善悪のパターンが消えると、正義感も薄れて勧善懲悪が馬鹿らしくなりました。

善人・悪人という決めつけより、それぞれの抱えている闇の深さが意識されるようになりました。

「正しい・間違い」などはなく、どちらにも学べる智慧があると知りました。

他者との比較や嫉妬心がなくなるのは本当に素晴らしいことで、とても楽になり、心が晴れます。

すると、人をコントロールしようとする気持ちがなくなり、説得することもなくなりました。

世界を変えようという気持ちもなくなりました。

変えるべきは世界でなく、自分の心だけなのですから。

他者や社会が自分をどう見るかが気にならなくなりました。
自分は自分でいいのです。

過去を悔んだり、未来を思い煩ったりせず、今を喜ぶようになりました。
自然な流れに乗って生きる私は、周りからみれば運の良い人に見えるようです。

世界は混沌として、私たちは混乱の中にあるように見えるかもしれませんが、ついに人類が変容する時が来たのだと感じます。
未曽有の困難という恵みの中にあって、「私が変わる」のです。

イエスが２０００年前のイスラエルで見つけた世界を、いま私たち一人ひとりが知り、人の子でありながら神の子として生きるキリストになるのです。

世界を平安へと導くたったひとつの方法

神は、愛です。

神の愛は、無条件、無差別、無制限、そして一方的なものです。
だから、私たちは常に最善の最善へと導かれているのです。

それに異議を感じるのは、「自我」です。
思い通りにならないと苦しい。

でも、それでもいいのです。
たとえ思いを手放すことができなくても、その愛を感じられていればいいのだと思うのです。

聖書の世界では、神から離れることを「死」といいます。

肉体が滅びることは、誰でも生まれた瞬間から決められている約束です。
だから、死ぬことは良いことでも悪いことでもなく、単なる「原因」と「結果」なのです。

人はなぜ死ぬのでしょう。
それは、この世に生まれたからです。

有限の時間の中で、肉体という乗り物に乗って、私たちは人生という旅をしています。
この乗り物である肉体に乗っている「真我」こそが、私たちの本体です。

私たちは、唯一絶対の世界からやってきて、３次元現象界という「二元分離」の世界で「分かれること」を体験しています。
私たちは分かれることによって生まれる「差」や「違い」を味わいます。そして、分離することによって初めて、ひとつの世界があることを知るのです。

実は、アダムとイブがいたエデンの園も唯一の世界のことであり、出て行った先は私たちが肉体をもって暮らす日常の生活の時空です。

この世に生まれることを「誕生」といいますが、「誕」という文字には「うそ、いつわり」という意味があります。つまり、うそいつわりの世界にやってくることを「誕生」といい、真の命の世界に帰る日のことを「命日」と呼ぶのです。

聖書は、そのことを繰り返し繰り返し、さまざまな例をあげて私たちに伝えます。肉のみに生きる世界を「死」と呼び、霊が主であることを忘れてはならないと教えるのです。そんな人間としての本当の生き方、霊的人類としての在り方、それを具体的に実践してみせてくれたのがイエス・キリストです。

私たちが向かうべきところは、神、すなわち私たちの御霊の親である創造主のエネルギーです。神に向き直り、神に向かって歩むとき、神ご自身が近づいてくださるのだとイエスは教えます。

イエスが説いた、「放蕩息子」の話は、唯一の世界から分離の世界へと出て行った者が一つの世界へと帰還するという、人生の真の目的を伝えるものです。

ある人に二人の息子がいました。

兄が親の財を継ぎ、しっかりとそれを守って真面目に暮らしていました。一方の弟はいくらかの財を分けてもらって旅に出ますが、放蕩して一文無しになって戻ってきます。父がこれを歓待したので兄がなじると、父は「兄は財の大半をもらったが、弟は一度死んで帰ってきたようなものだ」と言うのです。

父（神）を裏切って、父に背を向けて、欲望の限りを尽くそうが、父は一方的に息子を愛し、悔い改めた息子を無条件で受け入れてくれます。

裁きも罰しもされません。

それどころか、祝宴まで設けてくれるのです。

本心に返りさえすれば、神の愛の中に入れられます。

神の方から駆け寄ってくださいます。

私たちが信じようが、信じまいが、信じ愛してくれているのは父なる神様の方です。信じる者は救われるのなら、信じない者が救われないことになります。

あるいは、ある特定の宗教に入って、偶像を拝んでさえいれば救われるという人たちもあります。しかし、そのような条件は神から出たものではないでしょう。

神は愛です。

この世界で様々な体験をして変容を遂げ、神の愛の中に帰還するための驚くべき秘密が書かれているのが聖書です。

宗教を超え、一人ひとりが変容し、自分勝手に作り上げた「私」という錯覚から解放され、本来あるべき自分と出逢うために学んでゆくのです。

今、私たちは人類史上未曽有の転換点に生かされています。

それは、とりもなおさず、私たち一人ひとりが変容すべき時を迎えているということです。しかもその変容は、これまでの延長線上にあるものではないのです。

それが具体的に何を意味し、どのように変容を実現していけばいいのかは分かりません。「変わらなければならないけれど、どのように変わらなければならないのかは分からない」のです。

変容すべき時期は、うまく事が運んでいるときに自覚されることは少なく、むしろ、何らかの行き詰まり、問題の発生、危機的状況の中に現れてきます。

そうです、あの放蕩息子のように。

一見するとマイナスの出来事に見える事柄の中に、実は変容のサインが隠されているのです。このサインを見逃すことなく、その意味を正面から受け止めていこうという勇気と覚悟があれば、そこから新しいエネルギーが立ち上がってきます。

私たちの中には、未だ生きられていないエネルギーがあります。いままで全く気付くことのなかった、無意識だった可能性、あるいは眠っている力とも言えるでしょう。

変わる力はどこからやってくるのでしょうか。

外側から誰かにパワーを与えられるのではありません。
内側にある力が引き出されていくのです。

いったい自分の内側でどのようなことが起こっているのでしょうか。

それを意識していくことで、エネルギーが変わり、自分自身が変わり、毎日が変わっていくのです。

私たちは、どこからきて、どこにゆくのか。

人生という旅の目的地はどこなのか。

イエス・キリストは、キリスト教という宗教を立ち上げ、教祖となり、白人が支配する世界を望んだのではありません。

彼は、すべての人間はひとつ屋根の下に暮らす家族であり、神の子であると説きました。

聖書に書かれているのは、人が神の子へと変容できるという証しであり、そのための法則なのです。

変容し、創造のエネルギーと直結することが、人間にとって、最高最大の喜びです。

そして、私たち一人ひとりが神から願われていることもそれだと思うのです。

神の子として生きる私たちは、「死」から解放され、肉を持ちながら永遠の生命に入ります。人は死なないのです。

現代にイエス・キリストが再臨するという人たちがいます。

でもそれは、イエスが生まれ変わるのではなく、私たちが目覚め、変容し、イエスが見た世界をこの世で生きるということなのです。

一人が変われば世界が変わる。

変容の時がきました。

いまこそ十字架のイエスではなく、光の存在としてのイエス・キリストと出逢う時です。

ユダヤのイエスとヤマトのあなたが出逢うこと、それはヤマトとユダヤが手をつなぐことに他なりません。

信じられないかもしれませんが、そうしてあなたが変わることが世界を平安へと導く、たったひとつの方法なのです。

無条件の愛は、今この時にもあなたに注がれ続けています。

第５章　イエスが本当に伝えたかったこと

あとがき

本書の最終章に放蕩息子の物語を書きました。

芥川龍之介に「史上最高の短編小説」と言わしめた、イエスの超一流のたとえ話です。

父（神）を裏切って、父に背を向けて、どんなに欲望の限りを尽くしたとしても、父は一方的に息子を愛し、息子が悔い改めたときには無条件で受け入れてくれます。裁きも罰しもせず、祝宴まで設けてくれるのです。

本心に返りさえすれば、神の愛の中に入れられる。神の方から駆け寄ってくれる。

逆に、「本心で生きていなければ、あの放蕩息子のように人生を台無しにしてしまう」と、イエスは語ります。このことは教訓として、いつも心に留めておかなければならないでしょう。

ただ、人生を台無しにしてしまうことがもうひとつあるのだと、イエスは言うのです。
それは、まじめに働き、父のもとで立派であろうと努力する放蕩息子の兄です。まじめで立派な兄は、放蕩から帰還した弟を喜んで迎え入れる父に、不平不満をまくしたてます。

兄は怒って家に入ろうとしなかったので、父が出てきてなだめると、兄は父に向かって言った、「わたしは何か年もあなたの言いつけにそむいたことはなかったのに、友だちと楽しむために子やぎ一匹も下さったことはありません。それだのに、遊女どもと一緒になって、あなたの身代を食いつぶしたこのあなたの子が帰ってくると、そのために肥えた子牛をほふりなさいました」。

（ルカによる福音書15－28）

あえて本編では兄のことは書きませんでしたが、私はこう感じます。
人生を台無しにする方法はふたつ。
ひとつは、本心で生きず神から離れること。
そしてもうひとつは、喜んでいないこと。

「どんなに立派に見えても、どんなにまじめに暮らしていても、そこに喜びがなければ、放蕩息子と同じように人生を台無しにしているのだよ」と、イエスが今も天から叫んでいます。

様々な場で熱心に学んだり、聖典を開いて祈ったりすることも悪いことではありません。けれど、絶えず送られている自分の魂からの静かな呼びかけに、いま一度、心を澄ませてみてはいかがでしょうか。

世界平和や地球環境問題を語り合う前に、今、自分自身に変容の時が訪れていることを知るのです。

こんなシミュレーションがあります。

大きな池に、一日で2倍になる水草が浮かんでいます。

はじまりは一個。目に見えないほど小さな水草は翌日2個になります。

次の日には4個、翌日8個、そして16個……と増えてゆき、たとえば1年で池を覆いつくしてその池が滅びるとしたら、終わりの日の前日の池の様子は、どのようになっていると思いますか?

滅びの前日の水草は、池の半分なのです。

ノアの箱舟も、ソドムとゴモラも、イスラエルの滅亡も、終わりの日は誰にもわからず、突然やってきました。

アウシュヴィッツへ向かう貨物列車に乗せられるその時まで、ユダヤ人たちは普通の日常生活を送っていたのです。

イエスは言います。

だから目を覚ましていなさい。
その日その時が、あなたがたにはわからないから。
（マタイによる福音書25－13）

第3次世界大戦かと思えるほどの未曾有の時局にあって、誰か特別なリーダーが現れて人々を導くのではないのです。一人ひとりが、変容を促されています。

その変容とは、「願う」ことから「願われている」ことを生きるというものです。

では、「願われている」こととは何か。
聖書には、その答えまでもが記されています。

兄弟たちよ。あなたがたにお勧めする。
怠惰なものを戒め、小心なものを励まし、弱いものを助け、
すべての人に対して寛容でありなさい。

いつも喜んでいなさい。
絶えず祈りなさい。
すべての事について、感謝しなさい。
これが、キリスト・イエスにあって、
神があなたがたに求めておられることである。
（テサロニケ人への第一の手紙5－14）

イザヤ書24章に、このような預言があります。

彼らは声をあげて喜び歌う。
主の威光のゆえに、西から喜び呼ばわる。
それゆえ、東で主をあがめ
海沿いの国々でイスラエルの神、主の名をあがめよ。

ユダヤは東から救いが来ると祈り、ヤマトは西の喜びを我がこととする。
ヤマトとユダヤが手をつなぐとき、世界は平安に導かれます。

10年畏《おそ》るべし、20年偉大なり、そして30年歴史となる。
道なき道を歩き、ユダヤとの30年という時間を振り返り、見えてくる一筋の道。

これまで多くの皆さんをイスラエルにお連れしてきました。
これからもお連れしてゆきたいと思います。
けれど、それは私にとってまだ第一段階に過ぎないのです。

私は、いえ、私でなくてもかまわない。

いつの日か、ユダヤ人の皆さんを日本へお連れしたい。

そして、あなたの国と同じアジアの東には、争いのない、こんなにもすばらしい世界があるのですよと伝えたいのです。


そのためには、私たちヤマトの民が本来持ち合わせている「利他の心」を発露しなければなりません。

そんな日本であるため、そんなヤマトの民であるために、わが国の本当の歴史を知り「やまとこころ」を取り戻すために、『日本よ永遠なれ』（きれい・ねっと）を書きました。

そして今、こうしてその対となる、たったひとつの「変容の法則」をまとめることができたことは、きっと私に願われていることに違いありません。

私にユダヤの視座を与えてくださった、糸川英夫博士、パートナーのアンさん
私に仏陀の智慧という視座を与えてくださった、松村寧雄《やすお》先生
私にキリストの視座を与えてくださった、高橋恒男伝道師、潤子奥さん
私にエネルギーという視座を与えてくださった、岩田静治先生

ありがとうございます。

共にユダヤの地を歩いた旅の仲間たちに感謝します。

膨大な物語の中から、それらを繋ぐ一筋の糸を見つけ出し、一冊の本として織り上げてくれたきれい・ねっとの山内尚子さんに感謝します。

そして何よりも、最後までお読みいただき、いまここにいる自分を信じ、「よし！」と変容への冒険に一歩踏み出そうとしてくださっているあなたに愛をこめて、いま魂から叫びます。

「アシュレーーイ！」

赤塚　高仁

赤塚高仁（あかつか　こうじ）

人生が変わる聖書漫談師
ヤマト・ユダヤ友好協会会長

1959年三重県津市生まれ、明治大学政治経済学部卒業。

日本の宇宙開発の父、ロケット博士として世界に名高い、故・糸川英夫博士の一番の思想継承者。日本とイスラエルとの交流に人生を捧げた糸川博士の遺志を継ぎ『ヤマト・ユダヤ友好協会』の会長を務める。

イスラエルを30年かけて20回以上訪れ、800人を超える人々に人の子イエスを伝える導き手となる。

「民族の歴史を失った民族は、必ず滅びる」というユダヤの格言や、荒野に挑むユダヤ民族との交流を通して、祖国日本を洞察。ヤマト人の歴史を取り戻すべく、「やまとこころのキャンドルサービス」をテーマに講演会を全国各地で開催している。

「人生が変わる聖書漫談師」として、ユダヤ人の成功のエッセンスである「聖書」に学び、現地を旅し、足の裏で読み解き、人類の知恵の書として伝える活動を全国各地やオンラインで展開し、講師、作家として活躍している。


著書「蝸牛が翔んだ時」（日本教文社）「ヤマト人への手紙」「ヤマト人への福音 教育勅語という祈り」「スコーチド」「日本よ永遠なれ」（きれい・ねっと）「はじめての日本国史 お父さん、日本のことを教えて！」（自由国民社）他

赤塚高仁公式ブログ
https://ameblo.jp/seishomandan/
赤塚高仁チャンネル
https://www.youtube.com/channel/UCtFAE0syKZ6qCxn0U-oAAqg

この星の 未来を創る 一冊を
きれい・ねっと

ユダヤに学ぶ
「変容の法則」

2021年6月26日　初版発行

著者　赤塚高仁
発行人　山内尚子
発行　株式会社 きれい・ねっと
〒670-0904　兵庫県姫路市塩町91
TEL：079-285-2215 / FAX：079-222-3866
http://kilei.net

発売元　株式会社 星雲社（共同出版社・流通責任出版社）
〒112-0005　東京都文京区水道1-3-30
TEL：03-3868-3275 / FAX：03-3868-6588

装幀　今東淳雄（maro design）

ISBN 978-4-434-29235-4